汉语国际教育与中华文化推广系列丛书

对外汉语教学与四川藏区少数民族汉语教学的

比较研究

DUIWAI HANYU JIAOXUE YU SICHUAN ZANGQU
SHAOSHU MINZU HANYU JIAOYU DE BIJIAO YANJIU

雷 莉 倪 亮 赵盈仪 张亚朋◎著

 四川大学出版社

责任编辑：张伊伊
责任校对：黎伟军
封面设计：墨创文化
责任印制：王　炜

图书在版编目(CIP)数据

对外汉语教学与四川藏区少数民族汉语教学的比较研究 / 雷莉等著. —成都：四川大学出版社，2018.6
ISBN 978-7-5690-2005-2

Ⅰ.①对… Ⅱ.①雷… Ⅲ.①汉语-对外汉语教学-教学研究②藏族-民族地区-汉语-少数民族教育-教学研究-四川　Ⅳ.①H195.3②H193

中国版本图书馆 CIP 数据核字（2018）第 143141 号

书　名	对外汉语教学与四川藏区少数民族汉语教学的比较研究
著　者	雷　莉　倪　亮　赵盈仪　张亚朋
出　版	四川大学出版社
地　址	成都市一环路南一段24号 (610065)
发　行	四川大学出版社
书　号	ISBN 978-7-5690-2005-2
印　刷	四川盛图彩色印刷有限公司
成品尺寸	148 mm×210 mm
印　张	4
字　数	103 千字
版　次	2018 年 8 月第 1 版
印　次	2018 年 8 月第 1 次印刷
定　价	30.00 元

◆ 读者邮购本书，请与本社发行科联系。
电话:(028)85408408/(028)85401670/
(028)85408023　邮政编码:610065
◆ 本社图书如有印装质量问题，请寄回出版社调换。
◆ 网址:http://www.scupress.net

前　言

对外汉语教学（汉语国际推广）和少数民族汉语教学皆属于第二语言教学，但是起步相对较早的少数民族汉语教学却远不如对外汉语教学发展迅速，特别是四川藏区的汉语教学更是出现发展水平下滑的趋势。针对这种情况，本书以对外汉语教学（汉语国际推广）和四川藏区少数民族的汉语教学为样本进行研究。

本书通过对对外汉语教学和少数民族汉语教学的研究，探索对外汉语教学迅速发展和少数民族汉语教学发展滞后的深层原因，希望借鉴对外汉语教学迅速发展的理论和实践经验，从而推动少数民族汉语教学的发展。少数民族汉语教学的迅速发展，必将极大提高少数民族整体素质，这有利于少数民族地区的经济发展、民族团结、地区稳定。

汉语教育是少数民族地区，尤其是单语少数民族地区和边远少数民族地区教育实践的瓶颈问题之一。这些地区汉语教育的制约原因甚多，突出表现为实践上缺乏合理的量化评价指标，学理上对当今二语习得的新理论成果以及汉语教学的新模式的应用不够。因此，本书对解决教育实践具有一定的创新指导意义，并具有较为广泛的应用前景。

目　录

第一章　绪　论

一、研究问题

（一）研究目的和意义

本书在对四川甘孜、阿坝两州藏区汉语教学的现状进行较为全面的调查和分析的基础上，开展相关研究，所抽取的调查样本主要来自四川省甘孜州康定县的新都桥藏文中学和阿坝州马尔康县本真中学。希望通过对外汉语教学和四川藏区汉语教学的对比研究，探索藏区汉语教学滞后的原因，寻求加快藏区汉语教学发展的有效途径，尤其是借鉴对外汉语教学的有效方法、教学模式和应用二语习得理论，推动藏区汉语教学迅速发展。

近十年来，对外汉语教学工作取得了显著成绩。全国政协委员、国家汉办主任、孔子学院总部总干事许琳2014年3月11日接受《人民日报》记者专访时谈及：现在"汉语热"风靡全球，截至2013年底，全球已建立440所孔子学院和646个孔子课堂，分布在120个国家和地区，海外学习汉语的人数已超过1亿；2013年来华留学生人数近35万。对外汉语教材建设也取得了显著成效，目前，国内已出版发行面向母语为英语、法语、西班牙语、俄语等近80种语言学习者的汉语教材。对外汉语教学理论越来越完善，语言学习理论和跨文化交际研究日趋体系化；汉语水平考试（HSK）的影响日益扩大，2013年全球参加新HSK考试的有37万多人；课程设置科学化，体现了基础理论与应用之间的密切关系；对外汉语教学师资队伍建设取得了突破性进展，国内许多高校开设了对外汉语教学专业和汉语国际推广教育硕士专业。

国家推行西部大开发计划，为少数民族地区的发展带来了千载难逢的机遇。少数民族地区的发展关键在于培养少数民族人才，提高少数民族的整体素质。而要提高少数民族整体素质就必须加速发展少数民族的汉语教学。通过对对外汉语教学和少数民族汉语教学的研究，探究对外汉语教学迅速发展和少数民族汉语教学发展滞后的深层原因，借鉴对外汉语教学迅速发展的理论和实践经验，从而推动少数民族汉语教学的迅速发展，就显得十分必要。少数民族汉语教学的迅速发展，必将很快提高少数民族整体素质，这有利于少数民族地区的经济发展、民族团结、地区稳定。汉语教育是少数民族地区，尤其是单语少数民族地区和边疆少数民族地区教育实践的瓶颈问题之一。这些地区汉语教育的制约因素甚多，突出表现为实践上缺乏合理的量化评价指标，学理上对当今二语习得的新理论成果以及汉语教学的新模式应用不足。因此，本书的研究具有特别的现实意义和学术价值。

（二）研究假设和核心概念

对外汉语教学和少数民族汉语教学都是针对母语为非汉语者而进行的教学，二者的教学对象虽然有所不同，但其教学原理、教学内容、教学规律、教学法、教学特点和教学过程都有许多相似之处。二者都是从培养学生最基本的语言能力开始，都要面对母语对汉语学习的负迁移和汉语学习中的文化差异的影响，都要遵循第二语言的教学规律和学习规律。所以，对外汉语教学的学科理论、研究成果、教学模式以及推广方法都可以运用到少数民族汉语教学中，反之亦然。

对外汉语教学既是一种第二语言教学，又是一种外语教学。作为一种第二语言教学，它有别于把汉语作为语文的教学，而与其他第二语言教学有一些共同的特点和共同的规律。作为一种外语教学，它有别于我国少数民族把汉语作为第二语言的教学，而与其他外语教学有一些共同的特点和共同的规律。少数民族汉语教学主要指针对母语为非汉语的国内少数民族的汉语教学，是在他们学习母语之后进行的第二语言教学。当前，我国大部分聚居的少数民族都有自己的语言，一般情况下他们首先习得的第一语言是自己本民族的语言，即母语，然后在此基础上再来学习汉语。他们在学习汉语的过程中，一般不需要再重建概念与声音的直接联系，常常是通过中介语（母语）来理解、掌握汉语的。尽管在学习汉语的过程中，学生的思想和思维能力也在发展，但一般来说二者不是同步形成和发展的，这一点与第一语言学习和外语学习都有所不同。因此，少数民族汉语教学是一种特殊的第二语言教学，它是我国少数民族对本国最通用语言的学习，特殊的教学对象和教学目的决定了这门学科的特点。

本书的少数民族汉语教学主要是指对四川甘孜、阿坝藏区的藏族学生的汉语教学，是以学校教育为主的常规教育，是一种多层次、多种形式的教学体系。学生的汉语知识和能力基本上是从学校教育中获得的，而语言技能的完善和熟练却是在社会实践中完成的。由此可见，对藏区学生的汉语教学在性质上与对外汉语教学相似，是一种第二语言教学。

二、研究背景和文献综述

（一）研究背景

新中国成立六十多年以来，特别是进入 21 世纪后，我国的对外汉语教学（汉语国际推广）事业蓬勃发展，取得了令人瞩目的成就。国内的许多高校都设有对外汉语教学专业或汉语国际专业硕士，形成了以学校教育为主的多渠道、多层次、多种形式的教学体制，教学规模越来越宏大。由语言学、心理学、教育学、第二语言教学、语言习得、汉语语言学、课堂教学、语言测试和教学管理等理论构成的对外汉语教学学科理论日趋完善，并逐渐系统化，从而改变了以学习、借鉴国外语言学习和教学的理论和方法为主的局面，走上独立研究的道路。同时，国内建立了大量的专业出版社和研究机构，越来越多的专业刊物的创办扩大了本学科的影响；教材建设取得了很大的成就，不仅出版了大量针对不同国别、不同年龄、不同对象、不同目的、不同需求以及各种学习水平的教材，而且还出版了融合动画、游戏、网络、多媒体、电脑模拟等多种现代技术和即时反馈评估系统的汉语教学和学习课件。学科人才的建设有突破性的进展，首先是知识结构的多元化，随着汉语热的兴起，选择对外汉语专业的人数越来越多，外语、心理学、教育学、传播学以及计算机等其他专业人才大量加入对外汉语教师队伍，使师资知识结构由过去的单一性变为今天的多元性。其次，学科人才培养的教育体系日益完善，为提高我国汉语国际推广能力，加快汉语走向世界，改革和完善对外汉语教学专门人才培养体系，培养适应汉语国际推广新形势需要的国内外从事汉语作为第二语言/外语教学和传播中华文化的专门人才，2007 年国务院学位委员会下达《汉语国际教育硕士专业学位设置方案》的通知，批准北京大学等 24 所研究生培养单位开展汉语国际教育硕士专业学位教育试点工作。自此，形成了对外汉语教学学士、硕士、专业硕士、博士等门类齐全、多层次、高学历的人才培养体系，为对外汉语教学事业的发展提供稳定的师资力量。在海外，我国汉语国际推广事业也取得了丰硕的成就，2004 年，国务院批准了国家汉办制定的对外汉语教学事业 2003 至 2007 年发展规划——汉语桥工程，明确提出以"集成、创新、跨越"作为汉语对外教学和国际传播工作的发展战略，也就是集成一切资源要素，采取创新的举措，实现对外汉语教学事业的跨越式发展。"孔子学院"项目的启动标志着我国对外汉语（汉语国际推广）教学事业走向国际化。自 2004 年 11 月 21 日第一所孔子学院在韩国成立以来，截至 2017 年 12 月，全球已建立了 525 所孔子学院和 1113 个孔子课堂，分布在 146 个国家（地区），海外学习汉语的人数已超过 1 亿。孔子学院作为一个全新的平台，不仅在汉语教育，同时也在对外文化交流方面发挥着新的重要的作用，甚至扩大了国家外交的舞台。外交部的统计显示，近年来先后有近百位大使和总领事参加过孔子学院的活动。不少驻外使馆的外交官都认为，孔子学院是一个很好的外交平台。在一些国家，总理、州议员都支持甚至亲自参与孔子学院的汉语推广活动。

在对外汉语教学事业取得长足发展的同时，我国的另一项汉语教学事业——少数民族汉语教学的发展却较为缓慢。追根溯源，我国的汉语作为第二语言教学应该是从我国少数民族的汉语教学中兴起并发展起来的，其历史要比对外汉语教学悠久。但是进入 21 世纪后，二者相比，无论从教学规模、学科建设、学科理论、教学模式、师资力量还是出版物等方面来看，少数民族汉语教学都滞后许多，甚至出现滑坡的现象。同为第二语言教学，为何会出现一热一冷、一突飞猛进、一止步不前的局面呢？这正是本书研究的缘起。

四川甘孜、阿坝藏区少数民族的汉语教学虽然起步较早，但由于各种主客观原因，发展却较缓慢，并有下滑的趋势。大多数从事民族教育的专家学者在研究藏区汉语教育时一般会聚焦在西藏、青海等藏族人数较多的地区，对四川省内甘孜、阿坝等地区的关注相对较少。其实四川藏区为我国三大藏区之一，早在 20 世纪 50 年代，我国著名的民族学家、社会学家费孝通先生就把甘孜、阿坝称为"民族走廊"，据统计，在这一带生活的藏区同胞有 100 多万，占全藏族人口的 25％左右。本书以四川甘孜、阿坝藏区的汉语教学为样本进行研究，以期对该地区的汉语教学起到一定的指导和推进作用，并提高当地藏区少数民族的整体素质，从而促进该地区社会、经济的发展。

（二）理论基础

边远藏区的少数民族汉语教学和对外汉语教学都是以母语为非汉语的学习者作为教学对象，二者都要遵循一定的语言教学规律和学习规律，但两者又不完全相同，有各自的特点。本书的理论基础主要有语言基础理论、第二语言习得、跨文化交际、教育心理学等。

1. 语言基础理论

不管是对外汉语教学还是对少数民族的汉语教学，其学科的基础理论研究应包括语言理论、语言学习理论和跨文化交际学的研究。一个不懂得汉语的基本理论知识，即汉语语音、词汇、语法、修辞、汉语习得理论知识以及汉语与学生母语两种不同文化比较理论知识的人是无法做好教学工作的。

语言学是研究语言的学科，顾名思义，它是第二语言教学的最重要的理论基础。语言学理论与语言教学（第二语言教学）的定位是不一样的：语言学理论是一种基于语言本体的理论，而语言教学是一种基于语言应用的活动。[1]

在语言教学中，语言理论、语言教学理论、语言习得理论和跨文化交际之间都有一定的内在联系。正确地认识和阐明汉语的特点，有助于改进教学方法，把握教学重点和加强教学的针对性，也有助于帮助学生排除母语的干扰，增强学习的信心，缩短形成汉语思维习惯的过程。[2]

---

① 买买提吐尔逊·阿布都拉：《语言学理论在少数民族汉语教学中的作用》，《新疆教育学院学报》，2008 年第 3 期，第 19～22 页。

② 郑婕：《论少数民族汉语教学学科建设和汉语教材的编写》，《西北民族学院学报》（哲学社会科学版），2003 年第 1 期，第 108～113 页。

2. 第二语言习得理论

语言习得理论是建立在现代语言学、认知心理学基础上，从语言学习者的立场出发，以学习者获得语言的过程为研究对象，试图了解第二语言学习者在掌握目的语的过程和获得交际能力的过程中产生的现象及相关规律，以指导语言学习和教学活动的理论。① 二语习得主要包括两种类型：一种是日常交际的二语习得，它是通过与说母语者的直接交往而学习第二语言；另一种是课堂教学的二语习得，它是通过教师在课堂上的传授而学习第二语言。第二语言习得研究主要包括错误分析、习得顺序、语言输入、语言迁移、个人差异、学习策略、课堂活动与正规讲授等方面。二语习得理论是在对第二语言习得过程及其规律的研究的基础上提出来的。

20 世纪 60 年代，西方人本主义心理学提出了"以学生为中心"的口号，使得语言教学也同其他学科一样，开始重视从学习者这个角度来考察教学过程，学习者"如何学""学什么"便成为语言教学与研究的中心课题。"以学生为中心"被誉为现代教育的一次革命。只有揭示学习者这个学习主体的学习规律和学习过程，才能使"教"适应"学"的规律，使教学具有针对性，才能有效地解决学生在学习第二语言过程中所必然遇到的困难，促使学生将语言规则"内化"成语言能力，进一步加强交际能力。

美国语言学家塞林格（Larry Selinker，1967）在《语言迁移》（*Language Transfer*）中第一次提出中介语理论，并详细阐述了其基本理论和规律，第二语言习得理论从此有了自己的研究领域而开始成为一门独立的学科。R. 埃利斯（Rod Ellis，1994）的《第二语言习得研究》（*The Study of Second Language Acquisition*）

---

① 阿孜古丽·依马木：《第二语言习得理论与少数民族汉语教学策略调整》，《和田师范专科学校学报》（汉文综合版），2006 年第 3 期，第 165~166 页。

成为该领域的经典教科书，标志着第二语言习得理论日趋完善。现在，第二语言习得研究主要包含三大领域，即中介语研究、学习者内部因素研究和学习者外部因素研究，主要涉及语言学、心理学、心理语言学、语用学，社会语言学等众多方面。

近二十年来，第二语言习得研究者对语言教学中影响习得的因素，如语言输入、语言学习环境等，做了大量的研究。其中包括语言习得的基本条件，如 White（1991），Trahey&White（1993）；语言输入的内容，如 Vanpattem& Sanz（1995），Gass&Madden（1985）；语言形式特征如何引起学习者的注意，如Long（1991），Doughty&William（1995）；如何使语言的输入转变为学习者的语言的输出，如 Vanpattem（2003），Swain（1995）。一系列的理论研究结果为课堂教学带来新的理念、新的教学途径和教学方法。其中，Vanpattem&Swain（1995）提出的语言习得处理模式从理论上解释了语言从向学生输入到学生自己输出的转变过程（见表 1—1），为课堂教学带来了根本性的转变。

表 1—1　**语言习得处理模式**（Vanpattem&Swain，1995）

Ⅰ	Ⅱ	Ⅲ
input ⟶ intake ⟶ developing ⟶ output		
语言输入⟶语言吸收⟶学习者中介语的发展系统⟶语言输出		

Ⅰ＝对输入语言的处理加工

Ⅱ＝同化、重新组建

Ⅲ＝提取、控制、调节

3. 跨文化交际

"跨文化交际"（cross—cultural communication 或 inter—cultural communication）是指本族语者与非本族语者之间的交际，也指不同文化背景的人们之间的交际，即主要关注存在语言和文化背景差异的人们进行交际时应该注意什么问题，应该如何得体地去交流。

跨文化交际学是一门在传播学（Communication）理论基础上，与人类学、心理学、语言学、文化学以及社会学等相互交叉而发展起来的综合学科。很多学者认为爱德华·霍尔（Edward T. Hall）在 1959 年出版的《无声的语言》（*The Silent Language*）标志着跨文化交际学的诞生。因为霍尔首次提出了"跨文化交际"这个概念，同时他的著作综合了文化与交际的一些关键和基本问题，指出了不同文化对人际间距离、对时间的感知不同，由此产生了对异文化的误解。（Hall，1959）随着认识的提高、研究的深入以及相关学科的发展和交融，1970 年，跨文化交际学第一次以独立的学科出现。20 世纪 90 年代起，跨文化交际学的研究领域、内容、方法、理论建构及应用等都达到了一个新高度。跨文化交际能力包括语言交际能力、非语言交际能力、语言规则和交际规则的转化能力及文化适应能力。

Wiseman（1995）、胡文仲（1999）等学者认为目前在跨文化交际领域最有启发和影响力的理论包括：焦虑与不确定管理理论（Anxiety/ Uncertainty Management Theory，AUM）；交际与跨文化适应整合理论（Communication and Cross－Cultural Adaptation：An Integrative Theory）；预期违反理论（Expectancy Violations Theory，EVT）；交际调适理论（Communication Accommodation Theory，CAT）；面子协商理论（Face Negotiation Theory，FNT）；价值观对比理论等。它们为跨文化交际理论奠定了理论基础。

4. 教育心理学

教育心理学（educational psychology）作为心理学一门独立的分支学科，是心理学与教育学相结合的产物，其研究对象就是教育过程中的心理现象与规律，集中反映在教学情景中的学与教的基本心理学规律上。可以从以下三个方面来理解：首先，从教学过程和学习进程来看，教育心理的研究对象首先必须是受教育者在教育条件下，思想品德、知识技能、智力与个性的习得和发展规律；从学习过程来看，侧重于学生内部的心理发展过程，因此有人说学习心理是教育心理的核心。其次，教育过程包括师生双方的活动，学生既是教育的客体，又是教育的主体，教师的主导作用在于充分促进客体主观能动性的发挥。最后，师生互动也是教育心理学研究的一个方面，师生双方要相互影响、相互制约，才能顺利实现教育目标，其结构示意图如图1-1所示。就学习理论而言，教育心理学可概括为行为主义、人本主义、认知论、建构主义、联结论等几大学派（如图1-2所示）。

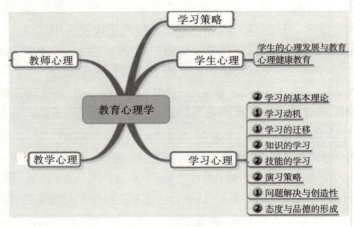

图1-1 教育心理学结构图

（参考王利科：教育心理学思维导图，http://blog.sina.com.cn/s/blog_6a72d1100100yy97.htm）

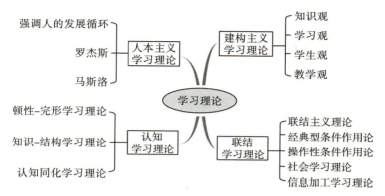

图 1-2 教育心理学学习理论结构图

（参考王利科：教育心理学思维导图，http://blog.sina.com.cn/s/blog
_6a72d1100100yy97.htm）

（三）文献综述

近十年来，随着中国经济发展和汉语国际推广步伐的加快，国内外对对外汉语教学进行了全方位的研究，并取得了丰硕的成果。据课题组成员不完全统计，在中国知网（CNKI）上共收录了13577篇关于对外汉语教学方面的论文，其中1998—2014年共6368篇（占总数的47%），汉语国际推广的论文有632篇，孔子学院方面的论文有1273篇；读秀网上共收录了对外汉语教学方面的图书3488种。这些研究涵盖了该学科的所有领域，大致可分为语言学与汉语研究、语言学习与习得研究、课堂教学与教学法研究、汉外对比研究、汉文化与跨文化交际研究、教材研究、语言测试研究、学科建设等方面。据统计分析可看出：对外汉语教学的学科研究重点主要集中在"语言学与汉语研究""课堂教学与教学法"，这充分体现了该学科的应用性特点；"语言学习与习得理论""文化与跨文化交际""教材"方面的研究最近几年呈快速发展的趋势。"汉外比较""语言测试"等方面的研究尽管在总量上所占的比例不大，但在发展中呈递增趋势。学科建设方面的研究在 20 世纪 80 年代后期日渐增加，这反映出对外汉语教学学科的日趋成熟。如陆俭明（2004）在《增强学科意识，发展对外汉语教学》中阐述了进入 21 世纪以来，对外汉语教学发展迅速，备受重视，但目前该领域也存在不少问题，因此，当前首先要强调树立和增强对外汉语教学的学科意识，加强对外汉语教学学科理论建设，并提出了一些有益的建议和方案。国家汉办主任许琳（2007）在《汉语国际推广的形势和任务》中阐述了对外汉语教学所取得的成绩以及面临的形势和任务。法国首位汉语总督白乐桑（2008）在《〈欧洲语言共同参考框架〉新理念对汉语教学的启示与推动——处于抉择关头的汉语教学》中论述了法国汉语教学发展迅猛的原因。赵金铭（2008）在《汉语作为第二语言教学：理念与模式》中提出了汉语作为第二语言教学模式是世界第二语言教学新的教学理念，并探讨了汉语作为第二语言教学模式的关键所在。张英在《对外汉语文化因素与文化知识教学研究》一文中详细阐述了对外汉语教学中的文化教学和对外汉语文化教学的区别，他认为"对外汉语教学中的文化教学"承担的是存在于语言形式之内的"文化"即"语言的文化要素"的教学，教学内容和范围应该在"语言"领域，即属于文化语言学的研究范围；"对外汉语文化知识教学"承担的教学内容和范围则大于"语言的文化要素"，教学目的是克服交际中可能出现的困难，以便能够顺利进行跨文化交际。

我国党和政府历来重视少数民族教育的发展，对其进行研究的学者颇多。据课题组成员不完全统计，中国知网（CNKI）共收录了 4095 篇关于民族教育方面的论文，关于少数民族汉语教学的论文有 165 篇。民族教育方面的研究主要可分为教育理论、教育政策、民族教育的规律和方法、民族心理与教育等；少数民族汉语教学方面的研究主要可分为汉语教学的现状、特点、重要性、学科特点、对外汉语教学与少数民族教学的异同等。如哈经雄（2008）在《新历史阶段的民族教育》中强调，优先发展民族教育，深化教育改革，实现教育现代化，促进教育公平，重点扶持少数民族地区的教育事业，加强人力资源建设，是新时期的历史任务。张诗亚（2007）在《论西南民族地区新课程改革深化中民族生存智慧的融入》中指出，当前，西南民族地区新课程改革主要依托的是外部行政力量的支持与推动，显示出明显的"他组织性"。袁晓文（2004）在《四川民族教育的需求和支付能力分析》中指出民族教育的发展，要在规模、质量和结构上满足民族地区发展的需要，就必须加大教育的投入。滕星（2004）在《小康社会与西部偏远贫困地区少数民族基础教育》中指出，西部偏远贫困地区少数民族基础教育存在着三个突出问题：义务教育不义务、基础教育不基础、语言文化障碍。要解决这些问题，就要处理好东部与西部、公平与效益，数量与质量、主流民族与少数民族等方面的关系。张强（2009）在《实施双语教学中若干认识和实践问题》中指出少数民族双语教学，既是一个理论问题，也是一个重要的实践问题。大力推进少数民族双语教育，必须坚持依法治教，探索行之有效的教学办法，做出坚持不懈的努力，努力实现"民汉兼通"的奋斗目标，在教学实践中要注意对语言学习规律、教材、师资等关键环节的把握。杨甲荣（1984）在《谈少数民族和外国学生汉语教学的性质和特点》中指出少数民族学生和外国学生学习语言时，会受心理、生理、社会、文化等多方面因素的影响，因此要充分考虑这些因素的影响，进行多方面的综合训练和各种条件的配合，才能有效提高学生的汉语水平。方晓华（1997）在《对少数民族汉语教学与对外汉语教学的比较》中认为对外汉语教学与少数民族汉语教学同为第二语言教学，但二者的发展极不平衡。二者在教学对象、学习目的、文化背景和由此决定的教学体制、教学过程、教学方法，以及母语与汉语之间的关系不完全相同，因而形成各自不同的性质和特点。但对外汉语教学与少数民族汉语教学作为第二语言教育又有不少相似之处，它们互相影响，互相促进，共同发展。华锦木（2003）在《少数民族汉语教学的学科定位》中提出了少数民族汉语教学学科定位的重要性及其建议。王杏涧（1997）在《第二语言习得理论与少数民族汉语教学的策略调整》中指出，第二语言习得理论自20世纪80年代被引入我国后，给我国第二语言教学和少数民族汉语教学带来了巨大的变革，同时也为提高少数民族汉语教学质量提供了重要的理论支撑。邢小龙（2003）在《普及汉语教学提高少数民族整体文化素质》中指出，在全面建设小康社会的新形势下，教育工作者必须加强少数民族汉语教学的重要性的认识，要努力实现汉语教学的个性化、终身化，并使之与生产劳动有机地结合起来。

综上，对外汉语教学、少数民族教育已成为各界学者关注的焦点。但把对外汉语教学与少数民族汉语教学相结合研究的成果甚少，特别是把对外汉语教学与四川甘孜、阿坝藏区的汉语教学进行对比研究的更是鲜有所见。

三、研究程序

（一）研究设计和研究对象

在研究设计上，笔者实地调查了四川藏区汉语教学的现状，包括教学理论、教学法、课程设置、教材选择、师资队伍、教学环境和学生的汉语水平等。

本书运用语言基础理论、二语习得理论、跨文化交际、教育心理学、教学理论、汉语教学模式来分析对外汉语教学和藏区少数民族汉语教学的差异及问题，借鉴对外汉语教学的成功经验，为发展四川藏区汉语教学提供一些理论指导、建议和方法。

本书的研究对象——四川藏区少数民族，主要指聚居在四川甘孜、阿坝两州的藏族。本书所抽取的调查样本主要来自四川省甘孜州康定县的新都桥藏文中学和阿坝州马尔康县的本真中学。康定县位于四川省西部、甘孜藏族自治州东部，辖新都桥、炉城、姑咱三镇。依据康定县政府官网的最新统计，该县常住总人口 129320 人，其中藏族 76299 人，占 68.4％；汉族 33603 人，占 30.1％。新都桥藏文中学是该县唯一的一所藏汉双语寄宿制中学。该校主要服务于康定县折多山以西的九乡一镇，也吸纳了甘孜州其他县，如道孚、雅江、丹巴、德格等县的学生就读。该校共有学生 830 名，教师 81 人，其中少数民族教师占教职工总数的 70％以上。笔者对该校初中"藏加"① 模式的 138 名学生进行了集中调研，其中男生 53 人，女生 85 人，年龄在 12～16 岁。学生问卷发放 138 份，回收 138 份，教师问卷发放 12 份，回收12 份。

马尔康县位于阿坝州的中部，全县面积 6633 平方公里，县辖马尔康镇、卓克基镇、松岗镇三镇以及十一个乡。据马尔康县政府 2012 年统计，该县常住总人口为 56021 人，有藏、羌、回、汉等 15 个民族，其中，藏族 41426 人，占人口总数的 75.2％。本真中学位于马尔康镇的本真村，是一所以藏汉双语教学为主的初级中学，该校有教职工 51 人，绝大多数为本地人，专职教师33 人，占教职工总数的 65％；其中，藏语文教师 9 人（均为中师藏语文专业毕业），这 9 位老师只能讲授藏语文课，其余皆为汉语或用汉语讲授各类课型的教师。全校有 328 名学生，绝大多数是来自马尔康县各乡村学习藏文的小学毕业生，其中说康方言的藏族学生占多数。笔者对该校"藏加"模式的 125 名学生进行

---

　　①　新都桥藏文中学推行两种教学模式。其中一种模式，即"藏单模式"，学生使用藏语学习所有课程，另外也学习汉语和英语；另一种模式，即"藏加模式"，学生使用汉语学习各种课程，同时也学习藏语和英语。

了集中调研，其中男生 67 人，女生 58 人，年龄在 12~17 岁。

之所以在研究设计中择取该样本来进行调研，主要是出于当地的汉语教学的实际状况。少数民族汉语教学虽然起步较早，但却远不如对外汉语教学发展迅速，大部分少数民族地区的汉语教学依然处于较低水平阶段，特别是四川藏区的汉语教学更是出现了下滑的趋势。少数民族汉语教学同对外汉语教学一样皆属于第二语言教学，在少数民族地区（这里以四川藏区为例）开展汉语教学理论上有四种模式可供选择：单一的汉语教学模式；"藏单"模式（单一的藏语教学模式）；"辅助型"（以藏语为主，汉语为辅）的教学模式；"藏加"模式（"藏汉并举型"的双语教学模式）。以康定县为例，该县除新都桥藏文中学外，在汉语教学上大都以第一种模式为主，第四种模式为辅。具体而言，马尔康县的县城因其经济发展好，交通便利，与外界的接触较多，再加上各民族杂居程度较高，学生的第一语言通常就是汉语（包括康定方言），因而学校的授课语言也都是汉语（包括康定方言），学生的汉语课其实就是同汉族地区学生一样的语文课；而该县所辖三镇由于经济发展滞后，交通闭塞，与外界的联系较少，藏族人数较多，所以镇上的学校承担了大量藏族牧民子女的教育任务。但与预期所不同的是，吸纳挑选合格的藏语教师来此任教的难度要远大于遴选合格的汉语教师的难度。

造成此现象的主要原因有以下几点：一是大量当地藏族人虽然能说藏语，但文化程度较低，对藏语本身缺少系统的学习和理性的认识，加上缺乏教师职业技能的相关培训，大都没有能力担任藏语教师。而从西藏、青海或甘肃直接引进的藏语教师虽然在业务上问题不大，但因其所说的藏语从属于卫藏方言（西藏的大部分地区）或安多方言（青海和甘肃的大部分藏区），而四川藏区所使用的藏语大多属于康方言（主要是德格方言或乡城方言），在语音和词汇上同卫藏方言、安多方言存在着一定的差别，因而学生大都无法听懂教师的授课内容，故这一部分老师也就大都无法在此任教。二是藏语教材和相关教辅资料的匮乏，这也是造成藏语教学无以为继的一个重要原因。综合来看，从占当地31％的汉族人口中选拔出一批合格的汉语老师显然就要容易得多。有鉴于此，该县三镇的学校大都选择暂时搁置藏语教学而只开设汉语课，也就是主要采纳上述第一种教学模式。而这一汉语教学模式在藏族牧民聚居区的弊端是显而易见的。藏族学生从小到大在生活和社交场合中所使用的都是藏语，单一的汉语教学模式既无法为学生打通一条第一语言正迁移的通道，也阻碍了其藏语水平的进一步提高。

通过以上分析可以看出，除新都桥藏文中学采用了藏汉双语教学模式（第三种模式向第四种模式的过渡阶段）外，当地大部分学校的汉语教学几乎成了空中楼阁，缺少第一语言（这里主要指藏语）依托的汉语教学很难激发学生的学习动机，缺少第一语言的对比辅助也使得学生通过第一语言进行正迁移的能力和机会大大降低，汉语学习效率也自然大打折扣。而作为当地唯一的一所藏汉双语中学，其作为汉语教学研究样本的高信度和高效度是显而易见的。藏汉双语教学模式对当地学校办学质量的提升、当地经济以及科教文化事业的发展、民族之间的沟通交流等都能起到强有力的推动作用，理应在当地进行深层次的推广。

（二）研究方法和技术路线

1. 文献法

笔者参阅了大量民族汉语教学的相关文献，从中汲取营养，同时也注重创新，整理出适合本书的研究思路、研究策略和具体的研究步骤。具体参考的相关文献主要有：张强（2009）的《实施双语教学中若干认识和实践问题》（《民族教育》第1期）；哈经雄（2008）的《新历史阶段的民族教育》（《民族教育研究》第

2 期）；张诗亚（2007）的《论西南民族地区新课程改革深化中民族生存智慧的融入》[《西北师大学报》（社科版）第 1 期]；许琳（2007）的《汉语国际推广的形式和任务》（《世界汉语教学》第 2 期）；陈中永（2005）的《突出教师教育特色和民族特色服务于民族地区基础教育——内蒙古师大民族基础教育研究与实践》[《内蒙古师范大学学报》（教育科学版）第 7 期]；滕星（2004）的《小康社会与西部偏远贫困地区少数民族基础教育》[《云南民族大学学报》（哲社版）第 4 期]；万明钢、王亚鹏（2004）的《藏族大学生的民族认同》（《心理学报》第 1 期）；赵金铭（2004）的《对外汉语教学概论》（商务印书馆）；吕必松（2000）的《推动对外汉语教学事业的内在动力》和《回眸与思考》（外语教学与研究出版社）；杨甲荣（1984）的《谈少数民族和外国学生汉语教学的性质和特点》（《中央民族大学学报》第 4 期）。

2. 问卷调查法

本书设计了两套问卷来开展研究（详见附录部分）。一套是针对藏区学生的问卷，包括汉语教材、教学方法和学生背景三个部分。其中，汉语教材的调查内容包括教材的难度、容量、教辅材料的情况、学生的接受程度等方面；教学方法包括教具的使用情况、汉语教师的课堂语言、提问方式、上课流程、课堂活动、授课语言、课外辅助活动、作业布置等方面；学生背景包括学生的性别、生活背景、学习动机、父母的汉语水平、学习兴趣、汉语水平、学习时间、学习方式等方面。这套问卷由学生填写，涵盖了主观题和客观题，问卷的语言力求简洁明了，以便学生理解问题。另一套是针对教师背景和教育管理的问卷，主要内容包括教师的汉语水平、民族构成、对教育政策的了解情况、教龄、文化程度、受培训情况以及校级或县级、州级的教学管理情况、监控评价体系、创新点等方面。该套问卷也是由主观题和客观题两部分构成，主要由当地的汉语教师填写，同时也结合了个别访谈的方式，力图准确地掌握藏区汉语教学已取得的成效和当前存在的困难。

3. 专家访谈、民族学生座谈法

笔者在调查中开展了对当地的汉语教师及民族学生的访谈，访谈内容主要是从量的角度对当前藏区的汉语教材、教学方法、教师情况、学生情况以及教学管理这五个方面进行意见和建议的收集与整理。个别访谈有效地保证了访谈内容的保密性，使访谈对象可以畅所欲言，从而使调查结果更加多元化，并保证了其客观公正性。

4. 比较法

本书比较了对外汉语已有的大量理论知识和实际操作经验，在教学大纲设置、教材编写、第二语言习得理论、对外汉语教学理论、学习理论中汲取相关的理论观点，同问卷及访谈的结果进行对比分析，以期构建一套合理的藏区汉语教学模式。

5. 实证分析

在问卷及访谈调查的基础上，笔者也现场观摩了一些藏区的汉语课，进一步验证问卷及访谈结果的相对真实性，也能从中发现新问题，打开新思路，确保了从感性层面对当地的汉语教学有一个切实的认识。因此，本书在实际量与质的分析中，都参考了实证观察的结果，并在实证的基础上试图提出一些对藏区教学有利的建议。

6. SWOT 分析法

所谓 SWOT（Strengths Weakness Opportunity Threats）分析法，又称为态势分析法或优劣势分析法，即基于内外部竞争环境和竞争条件下的态势分析。该方法就是将与研究对象密切相关的各种主要内部优势、劣势和外部的机会和威胁等，通过调查列举出来，并依照矩阵形式排列，然后用系统分析的思想，把各种因素相互匹配起来加以分析，从中得出一系列相应的结论，而结论通常带有一定的决策性。

运用这种方法，可以更清楚地了解当前藏区汉语教学的优势、弊端、机会和威胁，从而系统地分析藏区汉语教学模式，为提出科学的结论建议奠定坚实的基础。SWOT 矩形分析如图 1－3 所示。

内部要素 Strengths 优势　Weakness 劣势

外部要素 Opportunity 机会　Threats 威胁

图 1－3　SWOT 矩形分析图

7. 归纳研究法

笔者分三个阶段进行了归纳研究。第一阶段，笔者归纳分析了少数民族汉语教学的相关文献，也归纳了相关的研究理论和研究方法，从中形成了本书的研究资料；第二阶段，笔者通过数据归纳和阶段分析，在专家的指导下对调查资料进行了整理；第三阶段，笔者根据整理好的资料，综合利用比较研究、实证研究等理论方法，归纳出相应的结论和建议。

8. 技术路线

本书研究的技术路线如图 1－4 所示：

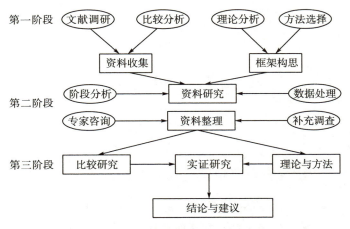

图 1-4 本书研究技术路线图

第二章　研究发现

一、缺少契合四川藏区实际教学状况的汉语教材

调查显示，新都桥藏文中学和马尔康本真中学除藏语文教材是五省（区）统编教材外，其他教材（包括汉语教材）都是人教版的语文课本（九年制义务教育统编教材），与学生所使用的带有藏文注释的物理、化学、生物等学科的人教版教材相比，汉语文教材反而没有任何藏文注释，其版本和相应的教辅材料也与大部分汉族学生所使用的并无差异。由此使得汉语作为第二语言的学习难度和进度都提升到同第一语言学习一样的层面，这显然对学生的汉语学习构成了巨大的困难。调查中，有54％的学生认为人教版的语文教材比较难，另有4％的学生认为非常难。具体而言，有94％的学生指出自己没有与课本相配套的磁带、光盘或MP3等多媒体辅助学习资料，因此，学生对语音的学习和模仿大都只能依靠有限的课堂时间，这就在客观上大大降低了教材对学生汉语听说方面的良性指导作用。有67％的学生认为该教材对其汉语读写能力的提升帮助最大，只有24％和9％的学生认为该教材分别对其汉语口语和听力方面的提升帮助最大。

从教材内容上来看，造成学生难以掌握的原因可以仔细分析为如下一些方面：首先，人教版教材中平均一两个单元的文言文学习最令学生头疼。通过对学生及教师的访谈可知，同汉族地区的大部分学生不同，四川藏区学生第一次接触文言文大都是在初

中语文课上，学生在上初中以前几乎都没有学习过任何文言文篇章，在家庭教育中也很少有家长会要求子女诵读唐诗，所以本身汉语水平就极为有限的藏族学生对文言文在语义、语法、文化上的特点都很难理解，对诸如古今异义、通假字、一词多义等教材上介绍的专业术语更是一头雾水。久而久之，学生便对文言文心生厌恶，甚至影响他们对汉语的学习。其次，课文的选材大都是与汉族学生的生活环境相关的一些篇目，这些篇目对于从小生活在牧区的学生而言十分陌生，从情感上就无法调动起学生对文字内容的共鸣，这也在客观上损害了学生学习汉语的积极性。最后，基于当地的实际状况，系统的汉语学习在当地几乎都是从初中起步，学生汉语基本功的薄弱影响了他们对教材中一些名家名篇的理解。语音上，学生的汉语拼音基础薄弱，人教版的语文教材上又没有逐字的注音，由此，学生自身不能咬准读音，也就无法进行有效的自学，无法熟练朗读也就无法深刻体会这些名篇的语言美，制约了情感因素在汉语学习中的渗透作用。词汇上，学生在小学和生活中积累的都是汉语中最基本或是相对口语化的词语，对书面语接触不多，因而往往一篇名家散文中有近50％的字词不认识，这极大地挫伤了学生阅读的积极性。语法上，学生也都是凭借自己有限的语感，识词断句的能力非常有限，一篇文章往往是读得断断续续，影响了整体意义的体会和感悟。所以，除了文言文，学生对朱自清、鲁迅等名家名篇中的遣词造句也感觉难以消化吸收。

二、汉语教师对藏语的掌握十分有限

四川藏区的汉语教师大都为汉族人，参与访谈的 21 位汉语教师均为汉族人，其藏语水平受限，仅能听懂学生日常对话中的只言片语。由此，在实际备课及授课过程中，教师无法利用藏语和汉语的异同来指导学生有效地利用传统的"语法翻译法"或是以其为依据的"自觉对比法"来学习汉语。也正是因为教师对藏语的特点不够了解，所以只能凭借针对汉族学生的语文课堂教学方法来进行藏区汉语教学，其结果往往是教学进度过快，难度过高，从而在客观上打击了学生学习汉语的信心和积极性。

在实际调研中，笔者还发现了一个有意思的现象，就是在汉语课堂中教师使用了大量的康定方言来辅助教学，也就是说教师在利用"对比分析假说"讲授汉语时事实上运用了"语法翻译法"或是"自觉对比法"，只不过这里同汉语进行对比的不是藏语而是康定方言。从当地教学的实际情况来考量，这一教学方式有一定的积极意义。因为方言在当地扮演了"普通话"的角色，是藏区各族人民沟通交流的重要纽带，所以在教师不了解藏语，学生汉语水平有限的情况下引入方言来提升教学效率还是值得提倡的。只是方言的使用量应该依据课文难度的降低以及学生汉语水平的提高而相应减少，否则方言在语音、词汇和语法上对学生汉语学习的负迁移就会逐渐显现。在个别访谈中，有不少学生希望教师在汉语课上多说普通话，少说方言，从中也可以看出学生有意识地察觉到了教学中过多使用方言的弊端。

三、汉语教学方法缺乏针对性

由于汉语教材的限制，以及藏区汉语教学体系的不完善，藏区汉语教师在教学方法上大都照搬汉族学生语文课的教学方法，即便有所调整也只是在进度上放缓，因此无法从根本上提高当地汉语教学的课堂效率。调查显示，有14%的汉语教师几乎不在汉语课堂上开展小组讨论，64%的教师只是偶尔组织类似的活动。进一步来看，一堂汉语课有40%的时间都是老师讲学生听的"填鸭式"的灌输教学模式，而教师提问全体学生以及个别学生的时间加在一起占了45%的时间，剩下只有15%的时间被用来完成任务或是分组讨论。可见一些较为先进的二语教学方式如合作学习、任务型教学还有待在藏区的汉语教学中进一步延伸，若只是教师一味地讲或只是机械性地问答势必会损害学生学习的兴趣和积极性。当然，诸如视听法、听说法等教学方法因为受制于当地相对落后的教学硬件设施，所以也无从施行。

此外，从课时分配情况来看，有 56％的时间被用来讲授课文，11％的时间被用来讲解词汇，32％的时间被用来训练汉语听说，剩下 1％的时间用来讲一些文化背景或是活跃课堂氛围。通过之前针对学生的调查不难发现学生的汉语基础较为薄弱，汉字的识字率较低，对词语的掌握更是捉襟见肘，而用来夯实基础字词的时间只占到 11％，这也就直接造成了学生汉语学习上的"大跃进"，增加了学生理解语篇的难度。而对课文背景知识的交代严重不足也使得汉语课无法利用"图式理论"[①] 所强调的语篇背景来提高学生的预测能力，降低学习的难度。

从作业布置上看，抄写字词、背诵课文这一类机械性作业占汉语课作业总量的 58％，组词造句占 18％，阅读练习占 17％，写作练习占 5％，听说练习占 2％。从表面上看，学生的作业过于机械死板，但事实上正是这些机械性的练习在客观上帮助学生夯实了其薄弱的汉语基础，为其汉语水平的进一步提高奠定了基础。需要指出的是听说练习的匮乏一方面是由于听说作业对教师来说本身就难以监控，所以所占比例较小；另一方面，牧区及乡镇相对落后的经济条件和藏语的生活环境也使得听说的练习更加依赖于汉语课堂上的操练。调查显示有 53％的被访学生会经常被要求在课堂上用汉语来表达自己的观点，这也说明学生的汉语听说能力在课堂上还是得到了一定的培养。

---

① 20 世纪 70 年代，美国的人工智能专家鲁梅哈特（Rumelhart）建立并发展了图式理论。该理论强调，人们已经具有的知识和知识结构对其认知活动起决定作用。根据图式理论的观点，人脑中所贮存的知识都是由一个个单元组成的，这种单元就是图式。主要可分为语言图式、内容图式和形式图式几种。

从学生对汉语教师的期待来看，学生对于汉语课堂生动性和趣味性有着一定的要求。通过与学生的座谈，可以将学生对汉语课堂的期待归结为如下两个方面：一是增强趣味性，学生希望开展的课堂活动包括讲故事、做活动、谈背景、分角色表演等。二是提升互动参与性，如组织汉语演讲比赛、辩论赛等，甚至有学生提出可以让部分汉语水平较好的学生参与课堂教学，使同学更有新鲜感，也就更能增强学生的学习兴趣。

四、学生的汉语学习动机总体较强

社会性是语言的根本属性，要衡量学生学习语言的动机，首先就应当考虑其交际意愿的强烈与否。调查结果显示：60％的学生认为学汉语对自己与其他民族的交往有益。由此可见，语言作为社会交际工具所触发的交际动机普遍存在于大部分学生身上。从更宏观的角度来看，有50％的学生认为学汉语之所以重要是因为我国大多数人都使用汉语，汉语使用范围广，因而各民族的交流都离不开汉语，这还是属于交际动机；15％的学生将原因归为有助于升学，这里概括为升学动机，狭义上包括考试动机，因为只有取得理想的成绩才能升入重点高中，而广义上该动机还是属于工具动机的范畴；35％的学生归因于可以了解更多的汉语文化，这里概括为知识动机。进一步总结，汉语的交际性、工具性和知识性是形成研究对象学习动机的三大主要原因。

如果将新都桥藏文中学和马尔康本真中学当地的一些环境因素作为考察动机的参照标准，则可以看到交际动机之所以如此强烈的环境根源：在参与调研的学生中，有75％的学生来自农村，9％的学生来自牧区，还有11％的学生来自半农半牧区，来自城郊的学生只有5％，加上这两所学校地处海拔3300多米的高原，因此他们与外界的接触十分有限。此外，汉语作为我国的官方语言，也是使用最广泛的语言，其所代表的汉语文化的强大辐射力对其他民族地区的影响是显而易见的。学生要想升学、就业或接触主流文化，都离不开对汉语的良好掌握。因而交际动机便成了最基本的主导动机。

　　兴趣因素在汉语学习动机的形成过程中扮演了重要的作用。调查显示有 84％的学生喜欢或非常喜欢上汉语课，而在被问及喜欢的原因时，又有 57％的学生将原因归于自身有通过汉语学习来提高语言文化水平的主观愿望，这里同样概括为知识动机；26％的学生归因于课文内容生动有趣，这里概括为文本动机，广义上文本、音频等都属于学习资源，因此也可以更抽象地概括为资源动机；17％的学生归因于老师讲得好，这里概括为听课动机。不论受到哪种动机的影响，学生大都具备学好汉语的主观能动性，即便这一能动性原本并不强烈，在教材和教师等外因潜移默化的引导下，往往也能够最终触发学生的兴趣动机，从而使学生努力地去克服汉语学习中遇到的困难，不断调整自身的学习策略，提高学习效率，获得良好的学习效果。但同时值得注意的是，在不喜欢或不太喜欢上汉语课的 16％的学生中，又有 31％的学生认为是自己对汉语学习没有特别高的要求，61％的学生认为是课文内容枯燥乏味，8％的学生认为是老师教得不好。可见学生个体间有一定的差异性，触发兴趣的知识动机、资源动机和听课动机在这部分学生身上反而成了抑制兴趣的负因素。虽然调查对象当前所接触的教材和教师能够满足大部分学生的学习需求，但同时也挫伤了或是没能激发起少数学生的兴趣动机。

　　以上分析都是从语言外的因素来考察学生的学习动机，可以概括为"言外动机"，如果从语言内要素，即"言内动机"来分析，则能够更直观地看到言外动机对言内动机的影响，以及言内动机间的互相关联。问卷结果显示，在汉语技能方面，有 39％的学生最想提高口语，28％的学生最想提高写作，21％的学生最想提高阅读，12％的学生最想提高听力。可见学生对于提高语言输出技能的动机要大大强于提高语言输入技能的动机。

根据以上分析，可以构建出四川甘孜、阿坝藏区学生汉语学习的动机模型，如图 2-1 所示。

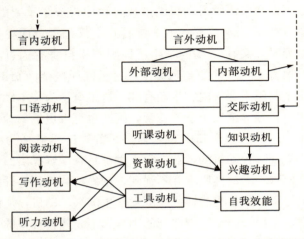

图 2-1 四川甘孜、阿坝藏区少数民族学生汉语学习的动机模型

语言四要素动机强度的不同也表现在学习效果上：在四项语言技能中，有 30% 的学生认为自己的口语最好，28% 的学生认为自己的阅读最好，26% 的学生认为自己的写作最好，而只有 15% 的学生认为自己的听力最好。所以，如何均衡地引导和增强学生在汉语学习微观层面的学习动机，这一问题也应得到相关教育工作者的关注。

五、科学的藏区汉语教学评价体系还未形成

调查发现，在甘孜、阿坝等地区的学校基本上没有切实可行的汉语教学评价体系和相关的汉语教学评价计划；有的虽然有汉语教学评价体系和相关的计划安排，但既不科学也不严密；有的评价体系基本上不具备可操作性，无法执行。

目前新都桥中学和本真中学针对汉语班的教学评价基本上还是沿用传统的终结性评价（Summative Assessment），注重对结果的评价，忽略了对过程的评价。笔者从访谈中了解到，这些学校的汉语教学评价主要是针对教师教学（教学内容、教学态度、教学方法）的评价和对学生学业成绩的评价。基本模式还是定位在"绩"方面，对"德、勤、能"等方面的考评较欠缺。从评价对象来看，学校和主管部门往往着重对教师教的评价而忽视对学生学的评价，忽略了教师的职业道德、个人魅力、人格形象、自身的发展等细节问题，基本上没有对教师教学过程的评价和教师的自评。对学生而言，其评价重学科知识系统、轻语言综合能力、重智力素质、轻态度习惯，且几乎没有涉及学生的创新能力、实践能力、心理素质、学习态度、学习兴趣、学习特长等方面。

汉语教学评价体系和评价计划不科学将会直接影响汉语教学评价功能的发挥，从而影响汉语教学的成功运行。

六、科学的四川藏区汉语教学教研体系尚未形成

良好的教学教研体系能够从根本上推动一地教学质量的整体提升，也有助于一地教育事业的长远发展。但从参与调研的汉语教师的反馈来看，科学的四川藏区汉语教学教研体系尚未形成。这主要体现在如下几个方面：

一是汉语教师对国家制定的民族汉语教育政策和教学要求缺乏基本的了解。参与访谈的 21 位汉语教师中仅有 4 人听说过《全日制民族中小学语文教学大纲》（下文简称《大纲》），但对其内容并不了解。而对《中国少数民族中小学汉语课堂标准》（下文简称《课标》），所有参与调查的汉语教师均表示不了解。由此可见，当前的四川藏区汉语教学缺乏一个宏观的指导体系，教师大都凭借自己感性的教学经验来设计自己的教学内容，因此极易

同《大纲》和《课标》产生偏差，从而影响学生汉语水平的提高。

二是县级或州级的集体教研备课还有待进一步深入。调查显示，所有参与调查的汉语教师都参与过县级或是州级的集体备课教研。但教研的次数较少，基本上每学期只有一次，汉语教师也不是每一学期都会参与。而且教研的内容也较多地集中在教学成果的陈述性汇报、上级相关教育政策要求的下达，以及相关教学任务的布置等方面。由此可见，当地藏区对汉语教学的管理还有待进一步细化、科学化，还应当为汉语教师提供一个合作交流、互相促进的教研平台，一个对教学质量严谨把控的监管平台，以及一个及时准确传递并解读国家民族教育政策的公告平台。

三是缺乏合理的教学评价体系。当前的藏区汉语教学基本上处在一个封闭的环境当中，学校对汉语教师，教委对学校都没有一套统一的评价体系。这样一来，教师虽然在实际教学中显得较为灵活，但也容易"闭门造车"，与《大纲》及《课标》的规定和要求脱节。从对学生的汉语水平评价体系来看，当地学校也大都采用传统的笔答考试，按单元测验、期中考试和期末考试的顺序来施行。这在巩固学生汉语读写能力的同时忽视了对学生汉语听说能力的监控。学生在这一评价体系下形成了重读写、轻听说的学习策略，这也解释了调查中学生普遍反映自己汉语听说能力薄弱的客观现象。

第三章　分析和讨论

一、衡量藏区汉语教学发展的综合指标体系

（一）衡量藏区汉语教学发展的数量指标体系

从生源分布上看，参与调查的学生中，有 5％来自城镇，1％来自城郊，94％来自农牧区；从性别构成上看，男性占 37％，女性占 63％；从年龄上看，参与调查的学生年龄在 12～17 岁；从层次分布来看，被调查学生的汉语水平均处在初级阶段，学生对汉语读写的掌握相对较好，听说则比较薄弱；从父母的汉语水平来看，26％的学生家长基本掌握汉语听说读写四项技能，34％的家长能听说，但不会读写汉字，其余 40％的家长对汉语的掌握都只是只言片语，极为有限。需要指出的是，家长所掌握的汉语大都是以康定方言为基础的，并非相对标准的普通话或相对典范的白话文，他们原本就汉语水平较低，而且在生活中主要使用的还是藏语。这与学生父母在汉语区的生活经历以及文化程度有关，调查显示，从未在汉语区生活过的学生父母占 91％，父母一方最高学历为小学或没上过学的占 62％，从中可见，四川藏区家庭很难为学生学习汉语提供良好的语言环境。

（二）衡量藏区汉语教学发展的质量指标体系

从师资队伍分布来看，四川藏区的汉语教师以汉族人为主，参与访谈的 21 位汉语教师均是汉族人；从课堂教学上看，教师

在教学中主要是运用"语法翻译法"和"自觉对比法"（以康定方言和汉语进行对比）；从课程设置来看，汉语课属于必修课，每周均有至少 5 个课时的授课量；从教材上看，学生没有专门针对藏族学生的汉语课本，其使用的汉语教材是针对汉族学生的人教版语文课本；从教学模式来看，汉语教师主要以讲授和提问为主，合作学习模式以及任务型教学模式未能得到充分地运用；从评价体系上看，对学生汉语水平的评价以读写为主，对听说能力的评价不足。从对汉语教师的教学评价上看，缺乏一套统一、细化的评价标准。

（三）藏区汉语教学的 SWOT 分析

所谓 SWOT 分析，就是将与研究对象密切相关的各种主要优势、劣势、机会和挑战等进行归纳，运用数理统计与矩阵分析理论，将各种影响因素纳入统一的理论框架下加以分析，从中得出一系列相应的结论，而该结论通常对有关决策具有重要意义。

1. 优势与劣势分析（SW）

从学生这一汉语学习的主体来分析，优势首先表现在学生具有较强的汉语学习动机，由此形成了良好的汉语学习氛围。调查显示，有 93％的学生喜欢上汉语课，究其喜欢的原因，则有 57％的学生是希望通过汉语学习来提高自己的综合能力。这一点是十分令人欣慰的，因为大部分学生是出于自身强大的内因喜欢上汉语学习，一旦调整外因加以配合，因势利导，势必会使藏区汉语教学的成效得到极大提高。

其次，学生对汉语的学科地位有较为宏观的认识。调查中，认为汉语学习重要或非常重要的学生占 91％，其中又有 48％的学生将这一重要性归结为我国大多数人都使用汉语，汉语使用面广泛，38％的学生则将其归结为学好汉语可以更多地了解汉民族的文化。由此可见，大部分学生都能认识到汉语作为我国的官方语言在各民族沟通中具有纽带和桥梁作用，这从文化学习的层面上对维护各民族团结和稳定也具有积极的影响。

第三，学生对自身的汉语水平有一个较为客观的认识。调查中学生不但对自身汉语水平从听说读写这四个层面进行评估，也从汉语的语音、词汇、语法、汉字以及汉语文化这五个方面的掌握情况进行了自我评判。此外，学生还对学习成功和失败的因素进行了总结。从中可见，学生在汉语学习的过程中不但具有一定的认知能力，还掌握了一定的元认知策略和学习策略，这对学生科学有效地学习汉语不无裨益。

最后，学生对自己的汉语水平有较高的要求。调查显示，有79％的学生希望能够用汉语准确地表达自己的想法并能写出来，16％的学生希望能用汉语基本表达自己的想法并能基本写出来，只有5％的学生希望自己能用汉语进行简单交流就好，不求读写能力有多高。由此可见，学生对于自身汉语能力的要求较为综合化，针对他们的意愿开展的汉语学习也势必会激励其不断克服学习中的困难，提高学习成效，这一点在调查中也同样得到了印证：有33％的学生每周（包括课堂内）用来学习汉语的时间在20小时以上，25％的学生在15小时左右，20％的学生在10小时左右。可见大部分学生每天在汉语学习中都投入了一个小时以上的时间，这对于语言学习是非常重要且有利的。

从教师这一讲授汉语的主体来看，优势首先表现在教师大都是汉族人，受教育程度也大都为本科，这一点保证了汉语知识传授的相对准确。

其次，大部分当地的汉语教师都因地制宜，卓有创新地发展出一套康定方言与汉语对比的教学思路。

最后，当地的汉语教师对学生的课堂参与给予了足够的重视。53％的学生经常被要求在汉语课上用汉语来表达自己的观点，73％的学生承认自己经常在汉语课上得到老师的鼓励或帮助，这些都有效降低了学生在汉语学习过程中产生的学习焦虑，体现了以学生为本的教育理念。

从内部劣势上来看，首先还是表现在汉语教师的教学方法不够灵活多样。虽然受到硬件条件的制约，但教师仍可以利用"情景法""交际法""团体语言学习法"等强调互动的教学方法来活跃课堂，而不能只采用"填鸭式"的灌输或机械问答的方式，更不能照搬汉族学生语文课的教学模式。

其次，教师在以当地方言（大多为川方言）辅助标准汉语讲授中，对方言所占的比例缺乏清晰的界定。通常情况下，由于运用方言讲授的课堂效果较好，教师就容易图省事而大量地使用方言来辅助教学，这增加了方言对汉语学习的负迁移影响。而且，也有一部分学生不是当地人，无法理解教师所用的当地的方言，从而使本就困难的汉语学习雪上加霜。

第三，教师对学生汉语听说能力的监控不到位，缺少汉语听说能力的反馈措施。调查中所有的学生都希望自己的汉语在听说上必须达到基本能与他人沟通的水平，一旦在这两方面缺乏监控，就容易造成读写强、听说弱的"哑巴汉语"的局面。

第四，学生在社会生活中使用汉语的频率较低。调查显示，有 40％的学生在日常生活中主要说藏语，另有 56％的学生主要说当地的方言。不可否认，方言在当地多民族的沟通交流中有着重要的作用，但学生在生活中，尤其是在学校过多地使用方言，必然会使其汉语听说能力无法得到应有的巩固和提高。

最后，学生在课外巩固汉语的方式较为单一，功利性较强。出于考试升学的压力，有 54％的学生将作文书作为提高汉语水平的课外读物，14％的学生选择阅读练习册，可见，大部分学生都希望通过大量的练习来提高汉语成绩。这些标准化的教辅材料固然对汉语水平的提高不无裨益，但却缺少鲜活生动的汉语语料，显得较为枯燥死板，不利于学生汉语水平的良性发展。调查中只有 1% 的学生会选择通过故事书、童话书和杂志（如《读者》）来巩固汉语，而从长远来看，这一系列的材料对培养汉语语感、扩大词汇量、巩固课堂知识、拓展文化背景都有着不可替代的作用，理应得到学生的重视。而对相当一部分有机会接触网络的学生而言，通过互联网来学习汉语也是一条可取的途径。

2. 机会与威胁分析（OT）

外部机会首先体现在党和国家大政方针的支持上。近十年来，随着中国经济发展和汉语国际推广步伐的加快，国内外对对外汉语教学进行了全方位的研究，并取得了丰硕的成果。国家汉办主任许琳（2007）在《汉语国际推广的形势和任务》中阐述了对外汉语教学所取得的成绩以及面临的形势和任务。法国首位汉语总督白乐桑（2008）在《〈欧洲语言共同参考框架〉新理念对汉语教学的启示与推动——处于抉择关头的汉语教学》中论述了法国汉语教学发展迅猛的原因。赵金铭（2008）在《汉语作为第二语言教学：理念与模式》中提出汉语教学与汉字教学之关系乃探讨汉语作为第二语言教学模式的关键所在。

我国党和政府历来重视少数民族教育的发展，对其进行研究的学者颇多。哈经雄（2008）在《新历史阶段的民族教育》中强调优先发展民族教育，深化教育改革，实现教育现代化，促进教育公平，重点扶持少数民族地区的教育事业，加强人力资源建设，是新时期的历史任务。张诗亚（2007）在《论西南民族地区新课程改革深化中民族生存智慧的融入》中指出，当前西南民族地区新课程改革主要依托的是外部行政力量的支持与推动，显示出明显的"他组织性"。

与此同时，国家推行西部大开发计划，为少数民族地区的发展带来了千载难逢的机遇。少数民族地区的发展关键在于培养少数民族人才，提高少数民族的整体素质。而要提高少数民族整体素质就必须积极发展少数民族的汉语教学。少数民族汉语教学的迅速发展，必将很快提高少数民族整体素质，这有利于少数民族地区的经济发展、民族团结、地区稳定。

其次，外部机会直接体现在当地政府对教育事业的重视上，主要表现为资金的投入和政策的扶持。在笔者调研之际，康定县政府办公室就发布了深入推进教育事业发展的决议。决议中强调要完善教育设施，预计投入资金 2650 万元，用于强化教育基础，其中就包括新都桥藏文中学的改扩建项目。可以预见，随着大量资金的投入，一些多媒体的设备能够逐渐在汉语课堂上得到利用，"视听法""听说法"等饶有趣味的教学方法也能够被用来开展汉语教学，从而对学生汉语学习动机的触发以及学习效果的提升有着积极的作用。决议还强调要落实好相关的教育政策，抓好义务教育"两免一补"，大力发展寄宿制教育，努力提高教育教学质量等，这些措施势必能够为更多的藏区学生提供学习的机会，也使更多的学生能够学习汉语。此外，决议中还指出要强化教育基础，包括强化校长队伍、教师队伍、后勤保障队伍建设，健全激励和约束机制等。这些措施一方面能惠及当地的汉语教学，另一方面也体现了当地政府已经从大局上认识到完善教育教学管理体系的必要性。一系列机制的落实也势必能促使当地的汉语教学朝着科学化、精细化的道路不断迈进。

最后，当地有丰富的汉语资源渠道，这也是良好的外部机会。虽然当地位置偏远，经济发展水平较低，但电视信号的覆盖已比较全面，网络信号的覆盖也日趋完善，一部分学生可以充分利用电视节目、网络信息来丰富自己的汉语学习途径。此外，汉语报纸、杂志和书籍在当地的销售也十分普遍，学生同样可以利用这些材料来使自己的汉语学习更加多元化。

就外部威胁而言，首先体现在缺少一套针对藏族学生汉语学习的教材，包括相应的教辅配套资料。当前四川藏区学生的汉语教材均为人教版的语文课本，在实际使用过程中明显体现出难度过大、进度过快、内容不贴近藏区学生实际生活的缺点。而与之相配套的语文练习册和作文书其难度更是高于课文，对学生的汉语学习造成了更大的阻碍。

其次，学生所处的语言环境不利于汉语学习。从家庭环境来看，大部分学生的父母都不会汉语，家庭的沟通语言大都以藏语为主。从学校环境来看，除汉语课外，其他课程均使用藏语或当地方言讲授，而学生之间的交流更是以当地方言为主，所以在学校中也缺少汉语学习的语境。从社会生活环境来看，当地人在日常沟通交流中所使用的语言主要是藏语或方言。因此，家庭、学校、社会都不具备汉语学习的语言环境。

最后，当地藏区汉语教学管理体系尚未形成。虽然当地政府已经计划建立一套全面、科学的教育管理体系，但该体系能否惠及汉语教学以及其成效如何，目前还不得而知。

由此，我们得出了一个四川藏区汉语教学的 SWOT 矩阵分析，见表 3-1：

表 3-1　四川藏区汉语教学的 SWOT 矩阵分析图

内部条件 外部因素	优势（Strengths）	劣势（Weakness）
	学生的汉语学习动机强 学生对汉语的学科地位有宏观的认识 学生对自身的汉语水平有客观的认识 学生对自己的汉语水平有较高的要求 教师具备合格的从业水平 汉语教学方法因地制宜 鼓励学生参与汉语课堂	教学方法单一 课堂上方言使用过多 教师对学生汉语听说能力的监控不足 学生在社会生活中使用汉语的频率低 学生课外巩固汉语的方式单一，功利性较强

续表 3—1

内部条件 外部因素	优势（Strengths）	劣势（Weakness）
机会（Opportunities） 党和国家大政方针的支持 当地政府对教育的重视 丰富的汉语资源渠道	SO 丰富学生的汉语语料 利用好更新后的教学硬件设施 完善汉语教师队伍建设	WO 利用资源，丰富教学方法 强调汉语课堂听说能力的训练 引导学生拓展课外汉语学习的途径
威胁（Threats） 缺少合适的汉语教材 缺少足够的语言环境 藏区汉语教学管理体系尚未形成	ST 选编因地制宜的汉语学习资料 课堂上营造真实的汉语交际环境 构建针对当地教学实际的管理评价体系	WT 拓展、创新已有的教材、教法 构建汉语教师的评价体系 提高课堂教学效率

从以上的分析不难看出，SWOT 分析法对四川藏区汉语教学如何"扬长避短"具有积极的指导作用，对形成科学的相关决策也具有重要意义。

二、教育理念和教学法对藏区汉语教学的作用

（一）四川藏区汉语教学目的与课程设计

本书假设对外汉语教学与少数民族汉语教学存在着巨大的相似性，因此宏观上就教学目的与课程设计而言，对外汉语教学中的一些经验也可以为四川藏区汉语教学所借鉴。

从教学目的上来说，四川藏区汉语教学首先应当使学生掌握汉语听说读写四方面的基本技能，着重培养学生运用汉语进行交流沟通的能力。交际性是语言最根本的一项功能，藏区学生都渴望了解汉族的经济文化，都希望能通过汉语学习来增进民族间的了解，维护民族间的团结。同时，从微观层面上看，藏区学生也

希望通过汉语水平的提升，使自身在升学、就业上取得一定的优势，提高自身的受教育水平。因此，内因和外因都决定了藏区汉语教学在语言层面最基本的教学目的。

其次，四川藏区汉语教学应培养学生学习汉语的动力和兴趣，提升学生的语言学习能力和智力。语言学习本身就是一项技能，通过该项技能的磨炼不但能提高语言能力，对智力水平的促进也有一定功效。因此，藏区的汉语教学对开发学生的认知能力，包括记忆力、观察力、创造力等有重要的推动作用。在发展智力因素的同时，也应当有非智力因素，即情感因素的参与，主要表现为学习动力和学习兴趣。这样就能在汉语学习过程中，帮助学生克服困难，养成持之以恒的学习习惯。良好的学习习惯也可以帮助学生在其他科目上收获良好的学习效果。

最后，藏区汉语教学应培养学生对汉语文化的了解，提高其文化素质。中国是一个多民族国家，维护民族团结、促进各民族共同发展是党和国家长期坚持的基本方针。因此，从汉语文化中汲取的养料不但能带给学生知识，提高学生的审美能力和文化素质，增强学生明事理、辨是非的能力，对学生理解国家的民族政策，构建和谐社会也有着重要的意义。

基于此，四川藏区汉语教学的课程设计可以简单概括为四个方面：一是汉语语言要素，包括汉语语音、词汇、语法和汉字；二是汉语言语技能，包括汉语听、说、读、写；三是汉语交际技能，包括汉语语用规则、交际策略等；四是汉语文化知识，包括中国的基本国情和民族政策，尤其是与藏族相关的政策等。

根据语言要素可以开设汉语技能课，也就是目前藏区普遍教授的汉语课，该类课程以汉语精读为主，通过语言材料的大量输入，培养学生的汉语语感，提高学生的汉语运用能力。针对言语技能的培养，可以开设汉语知识课，提高学生对汉语的理性认识，降低汉语技能课的语料难度。同时，交际技能和文化知识不宜单独设置课程，一方面是由于课时不够，另一方面也是出于藏区学生的实际情况。因为藏区学生本就生活在中国，对祖国的文化从小就有耳濡目染的了解，对多民族国家的概况也比较熟悉，所以，文化知识完全可以融入技能课和知识课之中，这样既丰富了学生的认知，也活跃了课堂氛围。交际技能则一方面有赖于技能课上汉语教师的重视，另一方面也取决于学生课下的实践。

（二）第二语言习得理论与四川藏区汉语教学

之前已经提到当地汉语教师创造性地利用了"对比分析法"，将当地方言同标准汉语进行对比，发挥了方言对汉语学习的正迁移影响，但也因方言使用过多而呈现出负迁移不断增加的趋势。内在大纲假说①认为语言的学习有一个可以预测的顺序，如果依照这一顺序来开展藏区汉语教材的编写及实际教学的实施必然会更加科学地促进学生汉语的学习效率，所以广大藏区汉语教育工作者可以在教学中总结学生的汉语习得顺序，在当前缺乏针对性教材的不利条件下创编一套科学的汉语教材或一些汉语教辅材料。而依照输入假说，藏区学生显然在汉语听力输入上明显存在不足，无论是学校、家庭还是社会都缺少汉语语境，因此提高汉语课的课堂效率，强调遵从 i+1 公式②的汉语听力输入，尤其是可理解的输入是当前教育实践中必须予以重视的。从情感过滤假说来看，由于学生的汉语学习动机普遍较强，大都能主动地吸收汉语，但在文言文和一些名家名篇的学习中，学生大都因其难度较大而选择放弃。这就更需要汉语教师调整授课方法和授课进度，使学生以更开放、更接受的态度来应对汉语学习中遭遇的困

---

① 内在大纲假说（Built-in Syllabus Hypothesis）由科德（Corder）于 196 年在《学习者言语错误的重要意义》中提出，指的是一种语言习得规律。

② "i+1"公式是美国应用语言学家 Stephen D. Krashen 提出的第二语言习得的重要理论。其中，"i"表示学生当前的水平，"1"表示略高于语言学习者现有水平的语言知识。

难和挑战。

（三）第二语言教学法与四川藏区汉语教学

语法翻译法和自觉对比法是四川藏区汉语教学中最常用到的两种方法。教师利用方言与标准汉语的对比帮助学生掌握汉语的特点，同时也可以预测汉语学习中的重点和难点，确定教学顺序。这类方法强调学生汉语书面语言、阅读能力以及写作能力的培养，但不重视听力和口语能力的提高。更为重要的是方言无法实现同汉语间的书面翻译，因此最主要的教学手段、练习手段和评价手段往往也就无法实施，从而影响教学法的功效。因此，在有条件的情况下，四川藏区汉语教学还是应当采用藏汉双语的教学方式。正是由于听说训练的不足，所以直接法、情景法、听说法、交际法等强调听说能力培养的教学法应该得到汉语教师的重视，利用这些教学法可以让学生对汉语首先有一个感性的认识，明确汉语的交际用途，通过认知、模仿、重复、替换等具体教学阶段先让学生了解"是什么"，再用语言对比的方法加以巩固，让学生领会"为什么"，势必能收获事半功倍的成效。在四川藏区开展听说教学的另一大障碍是学生性格大都质朴内敛，羞于在人前表达自己的观点，用汉语表达时就更是害怕自己犯错，对汉语学习的焦虑感十分严重。团体语言学习法就可以很好地解决该问题。这种学习法首先能给予学生足够的安全感，小组学习、互帮互助，即便犯错也可能是全组同学共同的错误，降低了个体在错误承担中的心理压力，维护了藏区青少年学生的自尊心，同时也营造了轻松愉快的学习氛围。其次，该学习法也有助于学生集中注意力，增强进取心。个体在汉语课堂上时不时会因教学内容的难易程度或接受度而导致分心，而在团体合作学习中，小组成员不但互助还彼此监督，彼此竞争，有助于保持良性互动的学习热情。最后，该学习模式对学生记忆力的巩固也有较大的推动作用，也体现了"以人为本"的教育理念。

（四）跨文化交际与四川藏区汉语教学

　　每种语言的形成和使用都有自己独特的文化背景。藏族和汉族都是古老的民族，拥有博大深厚的文化积淀。王远新（1998）在《论双语与双文化》中指出："在学习或研究第二语言的过程中，难以克服的常常不主要是语言结构表层的问题，而是语言背后的深层文化规则以及与民族思维方式相联系的东西。"因此，四川藏区汉语教学应当将语言教学和文化教学融为一体。语言教学的目的是培养学习者流利交流的水平，尤其是跨文化交流。交流实际上就是信息的双向流动，而不是单向的输出。交流意味着吸收信息和传播信息两者同时进行。因此学习汉语的过程不只是学习汉语语音、汉语词汇、汉语语法、汉字的过程，还是学习汉民族生活方式、思维思考方式和行为习惯的过程。所以，藏区的汉语教学不能脱离文化教学而独立存在。

　　第一，文化背景的差异。文化具有民族性和地域性，不同的民族有不同的发展历史和生存环境，各民族语言及其文字表现形式受到各种各样的自然、社会文化条件制约，从而使得其语言和文字带有深深的文化烙印。藏族学生在学习汉语的过程中，如果不了解其相关的历史文化背景，对有些文章的语言就难以理解和掌握。马燕华（2005）在《高年级留学生汉语阅读理解难易语句分析》中阐述道，"词频不是影响高年级留学生阅读理解难易的决定因素""语句是否涉及中国文化背景知识（含中国民俗）是影响高年级留学生阅读理解难易的重要因素"。此理论也适合藏区的学生。如在人教版九年义务教育三年制初级中学教科书（藏族地区使用）第四册中的《安塞腰鼓》一课，如果学生不了解陕北高原特有的地域文化背景，那么他们无论如何也理解不了"安塞腰鼓"这个陕北人精神风貌的象征和符号，更无法体会这是一首生命的力量的赞歌。此外，还有一些与汉民族的历史、生活方式、风俗习惯等相关的熟语，藏族学生很难理解。如在人教版九

年义务教育三年制初级中学教科书（藏族地区使用）中就出现了
吃醋、吃透、雨后春笋、外甥打灯笼——照舅等词语或歇后语，
因为藏语中没有与之完全对应的词语或语句，藏族学生很难了解
其中的特定文化内涵，这对藏族学生学汉语也是一大障碍。

　　第二，思维方式的差异。胡书津、王诗文（2008）在《藏语
文化语言学发凡》中说道："藏民族既富于形象思维，又富于逻
辑思维。但总体上藏族的传统文化强调整体、统一。表现在方法
论上，就是强调直觉性、形象性，重视直观经验对事物的认识，
对问题的阐述多依靠比喻、象征、联想、类推的方法，在思维方
式上表现出重整体、重形象、重直觉的偏好。"汉民族也是富于
形象思维和逻辑思维，但更偏重于归纳推理，偏重于暗示含蓄。
这种思维模式的差异可反映和作用于语言，如藏语和汉语在句法
结构上有明显的不同，藏语重形合，汉语重意合，也就是说藏语
讲究格、数、关联词等形式的严格控制，而汉语表意灵活多变，
词类常跨类或活用，句子成分常省略或移位，还有大量的流水句
出现，这些也是藏族学生学习汉语时的一个大难点。

　　第三，交际语体语境的差异。语言教学的最终目标是培养学
生运用目的语进行交际的能力，这一点已成为第二语言教学界的
共识。有的藏族学生虽然所说的汉语听着较流利，说的话或写的
文章没有语音或语法错误，但还是让人感到不舒服、不自然，原
因就在于当地藏族学生只有汉语精读课，这样的课程设置没有把
精读和口语、听力、书面表达分开，而学生又没有辨别汉语语体
的能力，没有分清词语或句子的语体色彩，如老师问一个同学为
什么前两天没来上课，学生回答"昨天我爷爷逝世了"。这个回
答没有语法语义上的错误，但"逝世"这个词是个书面语，口语
中往往可用"死了""去世"等词代替，这就是语体的问题。另
外，语境的差异也是藏族学生汉语学习中的一大障碍。如果不能
使主客观因素有机融合，就会造成语言理解的障碍或语言表达的

失误。比如学生在初中第一册教材第十五课《北京的四合院》中了解了北京的四合院及胡同文化，胡同就是北京的一条条小街道，里面是充满安静祥和气氛的四合院。但是当他们在新闻媒体、文本阅读或口语交际中，经常遇见"×××走进了死胡同"之类的表达，这里的"胡同"就很容易让刚刚接触胡同文化的藏族学生云里雾里，不知所云，这时就需要考虑说这句话的语境，才能明白这句话的意思一般是指某人陷入困境或某事陷入很难逆转的僵局。

此外，一个民族的风俗习惯最能反映一个民族的文化个性，藏汉两个民族在漫长的历史长河中形成了各具特色的习俗，藏族学生在学习汉语时，遇到与藏族差异很大的文化现象，就会难以理解与之相关的语言内容，如果不了解这些习俗及其背后的文化内涵，也难以形成相关的交际技能。如饮食文化中的年糕和汤圆等，节日文化中的端午节、中秋节和腊八节等，还有其他现代汉族文化中优秀的最具民族特色和民族气息的内容，教师都应该适时介绍给学生，不让其成为语言学习和交际的障碍。

第四章 结论与对策

在调查研究的基础上，基于语言理论、语言学习理论、教育心理学和跨文化交际学的视角，以及在 SWOT 分析的基础上，现将研究结论和对策概括如下。

一、加强学科建设，革新教学理念

调查发现，新都桥藏文中学和本真中学 85％以上的教师都把语言知识的传授作为汉语教学的主要任务，而忽视了语言的交际性、工具性特点；"以教为中心""以教师为中心"的传统教学模式占主导地位。其中一个关键的因素就是当地的汉语教学缺乏科学的教学理论的指导。实际上少数民族的汉语教学与对外汉语教学一样，都是语言教学的一种，是针对国内少数民族把汉语作为第二语言的语言教学。但它又不完全等同于对外汉语教学，而是对中国少数民族进行的本国通用语言——汉语的教学，独特的教学对象、教学目标、教学体制、教学内容使得少数民族汉语教学具有独特的性质和特点。它在学科上隶属于应用语言学。只有充分认识到这些本质问题，在实践中不断探索其规律，并且把研究成果用于指导教学，才能使少数民族汉语教学走上科学的轨道。

因此，藏区的汉语教师需要革新教学理念，以科学的"教""学"理论来指导教学。特别是二语习得理论可以给藏区的汉语教学提供一个新的研究视角、一种新的思维方式，使其把注意力放在学习者和学习过程上，理顺"教"与"学"的关系，确立汉语教学的最终目的就是培养学生运用汉语交际的能力，汉语教学是要促进语言知识、语言能力、语言交际的转化，一切教学活动应该以学生为中心，这才是符合第二语言教学规律的。

一是，四川藏区的汉语课堂教学要根据学生本身的特点以及学生习得第二语言的特点来确定。学习第二语言一个最重要的目的就是满足交际的需要，因而应该把功能教学、交际法教学引入汉语教学课堂，只有能满足学生需要的教学才能使学生产生学习兴趣和学习积极性，只有学以致用才能使教与学协调一致，提高教学效果，避免传统教学中那种单调机械的填鸭式的"满堂灌"。二是，教学内容的安排顺序要符合藏族学生汉语习得的规律。只有符合藏族学生"内在大纲"和"自然习得顺序"的教学内容才能被学生吸收并内化。三是建立课堂学习与自然习得相结合的教学体系。四是要重视学生的个体因素对语言习得的作用，建立新型的课堂教学人际关系。五是正确对待学生学习中的错误，要运用中介语、偏误分析等理论来分析学生的语言活动，了解学生习得第二语言的规律，正确认识"学生语言"及其错误。通过对学生偏误的分析，引导学生总结出规律来，帮助学生有意识地跨越障碍。

笔者基于第二语言习得理论和对藏区汉语教学的调查分析，认为当地的汉语教学理念应把重点放在如何引起学生的兴趣和注意上，使学生更好地吸收并内化教学内容（如图 4-1 所示）。也就是说新的教学理论应该更注重习得的过程，即语言的输入和输出的内容如何被学习者接受。这一转变使教室不再是一个传统的教语言的地方，而是一个有组织、高效率，有助于语言输入、语言理解、语言运用和语言交际的真实环境。

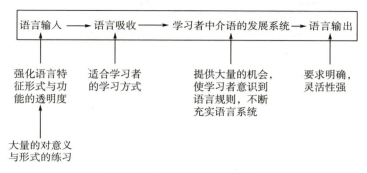

图 4-1 新理念的教学模式

二、教学内容应多元化

滕星教授的"多元文化整合教育"理论认为：一个多民族国家的教育，在进行人类共同文化成果传递的同时，不仅要担负传递本国主流民族优秀传统文化的责任，而且也要担负起传递本国各少数民族优秀传统文化的责任。据调查，新都桥中学和本真中学"藏加"班的汉语教学基本上以人教版的语文课本（九年制义务教育统编教材）为教材，其课文内容一般是与汉族学生的生活相关的一些篇目，介绍的也主要是汉文化，这些对于从小生活在牧区的学生而言十分陌生，从情感上就无法调动起学生对文字内容的共鸣，这也在客观上损害了学生学习汉语的积极性。因此，四川藏区的汉语教学应改变以往单一的汉文化和现代性的课程知识内容，呈现多元文化的教学内容，特别要多介绍藏族文化，这是因为一个民族的教育与该民族的文化是一脉相承的，民族教育之"根"应植于民族文化之"土壤"中。只有在了解和吸纳本民族文化的特色和精华的基础上，学生才会产生民族自豪感和自信心。此外，要使藏族学生从小接受多元文化理念教育，在传承本民族文化的同时，也学会尊重和欣赏其他民族文化，树立民族平等意识，培养学生的跨文化理解和交流能力。因此在藏族地区学校的教学中，除了应在汉语文课程中呈现多元文化教学内容外，其他课程的教学内容中也可以渗透这种多元文化的教学价值观。

三、选编针对藏区学生的汉语教材，优化教辅材料的质量

四川藏区学生所使用的人教版语文课本无论是在语篇的选择还是在难度方面都难以适应当地学生的实际学习需要，因此选编一套针对藏区学生的汉语教材就显得迫在眉睫。刘珣（2000）曾将一套合格的对外汉语教材的特点概括为"五性"，即针对性、实用性、科学性、趣味性和系统性。这五个特点对选编藏区的汉语教材也同样具有启发意义，笔者依据这"五性"将选编教材的对策概括如下：

第一，汉语教材的编写要充分考虑藏区学生的年龄、民族文化和汉语基础。在年龄上，同一年级的藏区学生由于入学年龄的不同往往存在 1～3 岁的年龄跨度。不同年龄的学生在智力发育水平上存在着明显的差异，由此也导致学生在认知力、记忆力、注意力等方面存在一定的个体差异。因此，教材的内容不宜过于抽象深奥，应当符合 12～17 岁青少年的基本认知范围。从民族文化上看，教材也应当在传播汉民族文化的同时兼顾藏族文化的传递。例如一些描写藏族民间工艺或壁画艺术的说明文、散文贴近学生的生活经验，即便在语言上存在一定的困难，学生也大都有掌握其意义的主观意愿，且学生可以利用自己的背景知识猜测语义和词义，这对学习策略的培养也具有十分积极的意义。此外，在汉族文化和藏族文化的共同熏陶下，藏区学生对多民族国家这一概念也会产生强烈的认同感，在提高语言技能的同时也锻炼了跨文化交际能力。在汉语基础方面，由于大部分学生基础薄弱，对汉字和拼音的掌握都不理想，因此，在编写教材时应当对低年级的教材内容逐字标注拼音。同时，在课文之外，应当增设

基础技能的版块，如拼音的复习和练习，汉字的笔画、偏旁部首的练习，这样可以突出汉语教材的功能性和综合性，既方便学生随时查漏补缺，也有助于教师随机调整教学内容和进度。

第二，藏区汉语教材要引导学生形成正确的学习目的，教材应当注重实用性而非临时性。从学生的学习动机来看，大部分学生还是能看到汉语学习作为语言学习在交流沟通中发挥的重要作用。对于这部分合理正确的动机，要在教材中加以引导，在课文内容的选择上，不应只以书面语为主，还应包括对话、演讲稿、访谈等鲜活的口语素材，这对当前的藏区学生，尤其是低年级的学生来说是非常有必要的。而在素材的选择上不应只凭主观经验，还应当通过一些科学的统计方法，如语料库的构建、词频统计等来形成真正贴近交际实际的实用汉语。这样，学生在学习时不但会觉得新鲜有趣，降低学习的焦虑，而且在具体使用方面也提供了准确的语境作为参考。据调查，相当数量的学生学习动机较为功利化，主要是为了升学、就业。对于这部分动机，教材一方面要满足学生的参考需求，教材的知识点应该覆盖教学大纲所规定的要点及考试大纲所规定的考点，学生在学习中才不会茫然无措，才能增强学生学习的信心。另一方面，教材也不能完全以应试为导向，否则学生掌握的汉语始终是片面的，而且也不利于汉语长期学习动机的形成，更不利于目前教学体制下对学生听说能力的培养。这就需要结合上一点谈到的教材编写建议，在教材中设立强化汉语听说能力的模块，促使学生的汉语水平更加均衡地发展。

第三，要依据藏区学生学习起点的不同设定不同阶段的教材。原则上来说，以初中三年为例，就可以分设初、中、高三级教材。但如果考虑到教材的篇幅有限，或是学生的基础薄弱，则可以在这三级教材的基础上再选编一套预备级教材。该教材主要以介绍汉语的基本知识并提供大量的练习为主，可以包括汉语拼音、汉字的构成、常用汉字的书写、组词练习、造句练习、日常汉语对话等。通过预备级教材的学习可以达到两大功效：一是对汉语基础较好的学生来说起到了查漏补缺、巩固强化的效果；而对于那些基础较为薄弱的学生则填补了汉语基础知识的缺失，为其适应三级教材的进度奠定了基础。对预备级教材的使用则可以根据教学实际进行灵活的调整，既可以作为初级阶段的辅助教材，也可以作为学生的自学教材；既可以在语言知识课上使用，也可以在语言技能课上使用。

第四，要根据藏区汉语教学的学习时限来调整教材的容量。初、中、高三级教材是长期班教材，内容应当尽量翔实；预备级教材主要起到短训、参考的价值，因此篇幅不宜过大。针对学生基础较弱的特点，教材应贯彻精讲多练的原则，提供大量有关汉语知识、汉语能力尤其是听说能力的练习。练习的设计也应当多样化、趣味化、交际化，使学生有机会巩固已学的汉语，提升学习效果。同时，教材在难度上也要循序渐进，从易到难，由简入繁，新字、新词、新语法点要合理均匀地分布在各单元，以方便学生重复训练、循环记忆。

第五，在体例方面，教材应更多体现综合型的设计思路，也就是将语言要素和语言技能统摄到一本教材当中，以保证教材的完整性和实用性。此外，教材在初级、中级阶段宜采用单课制的编排方式，也就是一课一个单元，几课以后有一个综合复习。此阶段学生的汉语水平十分有限，课程在设置上不宜贪多求全，采用循序渐进的方式则更符合学生的实际学习状况。而在高级阶段则宜采用单元制的编排方式，也就是根据语言结构划分单元，将相关的语法点组合成一个单元，这样更符合学生的学习规律，有利于单元内知识点的循环复习。同时也可以按内容或话题来划分单元，如设置科技单元、文化单元、历史单元等，这样一来，在学生已经有一定汉语水平的前提下，可以将学生的知识点打通，从而提高学生综合运用汉语的能力。

在与教材平行的教辅资料上，也应系统地设计相应的学生用书、教师用书、单元练习册和单元试题等。在具体的设计上要注重如下两方面：

一是教辅素材应更加注重趣味性。除了汉族文化和藏族文化外，话题的选择上也应偏向于教育、环保、科技、网络、影视等年轻人喜闻乐见的内容。这些话题往往能激发学生的学习兴趣，调查结果也显示，学生对一些时尚流行元素尤为关注，例如一些介绍影视明星的汉语杂志几乎在学生间争相传阅，学生对网络上用汉语报道的一些热门事件也往往争论不休。所以利用这些素材，在教辅的输入型的听读练习中，学生就更有主观意愿去了解内容，采用合理的学习策略去克服输入中遇到的障碍。在输出型的说写练习中，学生也更有表达的欲望和讨论的热情。此外，教师也可选用部分材料作为汉语课堂的补充或延伸。在板式的设计上，教辅应当和教材一样做到内容活泼醒目、美观大方，插图生动风趣，字体大小适中等。

二是教辅资料要兼顾语言要素练习与语言技能练习。教辅既要涵盖汉字、拼音、组词、造句等语言要素练习，也要强化听、说、读、写四方面的语言技能训练。在具体编写过程中，可以按单元和难度突出某一方面的重点。在初级阶段，教辅资料就可以多设置一些语言要素模块来夯实学生的基础，注重听说能力的训练；在中高级阶段则应当在兼顾听说能力的基础上，强化读写能力的提高。这样既符合学生由浅入深的认知规律，也满足了学生对升学考试的功利型动机诉求。在教师用书的编写上，除了按照教材内容为教师提供一些教学参考资料、教案设计等外，还可以适当地分模块对少数民族汉语教学大纲及民族政策予以一定的解读，从而使教师高屋建瓴地统筹自己的授课内容。从体例上来说，相比教材，教辅资料更应体现分科型的设计思路，也就是可以将语言要素及语言技能细分为不同的模块来编写相应的练习册，如汉语写作、汉语听力等，这样教师也可根据学生的实际学习状况来为学生有重点地选择教辅。同样，教辅的编写也应遵循初级、中级阶段单课制，高级阶段单元制的模式。

四、拓展方言——汉语对比教学法，探索藏汉语对比教学模式

常见的语言对比教学往往是基于两种语言之间的比较，例如在对外汉语教学中，汉英对比、汉法对比、汉阿对比都是卓有成效的教学途径，也是在对比语言学中被研究得较多的课题。然而，与使用者相关的语言变体在对比语言学及二语教学中得到的重视就略显不足。以四川藏区为例，当地的土语隶属于北方方言下的西南次方言，相比于粤方言和吴方言，藏区的方言在语言各要素上与标准汉语间的差异相对较小，将其同标准的汉语比较来看，相似点相对较多，因而在汉语课堂中的合理应用能够使方言对标准汉语的正迁移最大化。四川藏区汉语教师正是利用了这一点，使得当前汉语学习在外部条件不佳的情况下依然取得了一定的成绩，积累了方言－汉语对比教学的经验。但这一对比教学模式的科学确立和总结显然需要大量人力和时间的投入，短期内难以形成相对系统的教学方式，因此有赖于汉语教师作为个体在小范围内的探索和总结。相比之下，藏汉语对比的研究则相对成熟，其大量的研究成果可直接作为开展藏区汉语教学的依据，例如才让措、程芙蓉（2011）的《藏汉双语教学研究的创新思路》[《青海师范大学学报》（哲学社会科学版），第 3 期]，何波、马丽君（2011）的《藏汉双语教育政策体系构建的基本原则》[《青海师范大学学报》（哲学社会科学版），第 3 期]，尼玛多吉（2008）的《藏汉双语教学面面谈》[《中国校外教育（理论）》，第 9 期]，李明芳（2011）的《浅析藏汉双语模式下的高中课程

改革——康定县藏文中学高中新课改的调查报告》（《改革与开放》，第 18 期），万明钢、王鉴（1997）的《藏族双语人双语态度的调查研究》（《心理学报》第 3 期）等都具有一定的借鉴意义。因此这一点应当得到当地教育部门及教师的重视，有条件开展藏汉双语教学的学校应主动探索藏汉语对比教学的应用方式。同时，也应加强对当地汉语教师的培养力度，使语言对比教学这一传统更加适合当地实际的教学方式。但无论是拓展已有的方言－汉语对比方式，还是开拓藏汉对比教学模式，都应遵循一些最基本的语言对比理论及方法，这里参考许余龙（1988）提出的对比基础的主要类型，将开展藏区语言对比教学的要点概述如下：

第一，在物质实体上可以综合利用方言和藏语同汉语的对比结果。语言对比中的物质实体包括两类，一是语言本身的物质形式，二是语言所代表的外部世界。语言的物质形式又包括语音实体和文字实体。从语音实体上看，标准的汉语和四川藏区使用的西南方言均属于北方方言，二者在语音上具有一定的相似性，因此在汉语语音教学中可以多运用方言－汉语的对比教学模式。从文字实体上看，藏区方言不存在独立的文字记载系统，但藏语作为汉藏语系下的一种语言有其独立的文字体系，所以，在语法教学中可以参考藏汉语的异同。而就外部世界而言，方言和藏语都存在着同汉语不同的表达概念或命题，因此也都可以被用来进行对比教学。

第二，要根据语言环境和交际情景区分对比结果的应用范围。调查显示，方言在四川藏区人民的经济生活中扮演着重要的角色。藏区不同民族的人们在日常沟通、商品买卖甚至政策宣传中均以方言为主，而在家庭生活或类似牧区的小范围族群生活中，藏语则成为主要的交流工具。因此，汉语教学中涉及社会生活的话题时，应多利用方言－汉语的对比教学模式，而在涉及家庭生活的话题时，则宜使用藏汉对比的教学方法。

第三，在语言系统内进行语言对比时要选择方言和汉语间或藏语和汉语间对应的封闭系统，也就是说要选择数量有限的系统内部项目来加以比较。各个对应的项目互相联系、互相制约，对比起来就更有条理，在此基础上形成的语言对比教学法也更清晰明了，更利于学生逐条接受。

第四，要为对比语言材料建立语料库。对四川藏区教育管理者来说，可以组织专业人士建立方言及藏语的实例语料库（corpus－based data），包括实地录制的口语实例素材以及出版发行的书面实例素材。而对四川藏区一般的汉语教师而言则可以通过日常积累建立方言及藏语的内省语料库（intuition－based data），即教师运用自己的语感而获得的语言材料。汉语语料库则既可以参考已有的来建立，也可以根据藏区汉语教学的实际来建立语料库。由此，在条件有限的前提下，通过归纳语言的实际使用状况及语言教学，保证语言对比素材的全面性和科学性。同时需要注意的是，建立该语料库的最终目的是服务汉语教学，而不是开展一项庞大的语料库工程，所以，在语料的选择上也要保证两个语料库中的语言材料就某一单项的具体对比来说具有可比性，否则即便语料再翔实也会显得大而无当。

第五，在实施语言对比教学的程序上可依照如下几步展开。第一步，要明确语言对比的范围。对藏区初级的汉语学习者而言，要多选择一些在社会生活中常见的口语，而对中高级学习者而言则应多考虑书面语的择取。第二步，要搜集相关的文献研究。这方面藏汉对比的研究相对较多，藏区土语同汉语间的对比研究就十分匮乏，需要广大藏区汉语教育工作者进行细致的积累整理。第三步，要确定对比理论框架。对语言教学来说可以采用分类语言学模式作为语言对比描述的框架。该模式的主要目的是对语言现象进行分类，更注重对语言实际使用情况的分析，因而也更容易将其成果运用到语言教学中去。第四步，搜集语言材料，也就是上面讨论的语料库的建立。第五步，分析对比，整理出汉语课堂可以利用的对比点，并按初、中、高三级教材的知识点进行汇总。最后一步是课堂反馈，即通过汉语课堂中的实际使用情况调整对比应用的语料和方法，从而不断完善这一教学模式。

最后需要指出的是语言对比的成果除了在课堂中运用外，还可以应用到藏区汉语教材的编写、语言测试等方面，从而纵向延伸这一教学模式的实用价值。

五、强化汉语课堂听说能力的培养，倡导合作学习模式

从前文的分析可以看出四川藏区学生在汉语学习中的听说训练明显不足。因此，笔者建议应当首先加强汉语听说能力的培养。这里可以参考章兼中（1993）对听力"微技能"认知角度的划分，将藏区汉语听力能力的培养目标概括如下：一是预估能力，即对语句成分的预料和对内容情节的估计；二是猜测能力，即依据上下文对不熟悉或没听清楚的内容展开合理的猜测推理；三是抓主旨的能力，即通过听主题句、听关键词、听逻辑、听重音语调等手段来把握内容大意；四是抓细节的能力，即区分主要信息与次要信息，把握内容的叙述或论证方式；五是辨认语段标记，即根据语义认清听力内容的逻辑关系；六是推断语义，即通过语体信息、重音信息等的变化来推测说话人的言外之意。其中，前四个目标应着重在初级阶段对学生进行训练，而最后两个目标则可以在中高级阶段加入练习。

在具体的听力训练过程中，汉语教师可以根据图式理论构建一套"自上而下"的教学模式。具体来说，听力的教学过程从宏观上可以分为三个阶段：听前预测、听力练习和听后巩固。在听前预测阶段，教师除了在听力材料上需要选择契合学生学习水平

以及认知能力的内容外，还应当准备相应的背景知识、语言知识和听力策略。背景知识应当是与听力内容密切相关的资料，例如在听一段有关乒乓球运动的材料时，就可以提供给学生诸如著名的乒乓球运动员、基本规则、运动起源等信息。通过这些信息的传递，一方面可以缓解学生在听力过程中的焦虑紧张，另一方面可以让学生对听力内容产生合理的推测，提高学生的听力解码能力。语言知识指听力材料中的一些难词或一些学生不熟悉的表达方式，在听前教师可先讲解这些词句并让学生跟读，在听力中遇到这些表达的时候，学生就不会因为词句生疏而分心，从而影响对整体意义的理解。听力策略指边听边记笔记的方法，包括听力逻辑的把握、汉语的语速音变等微观听力技巧的训练。教师可以在每个听力模块的训练前穿插并循环教授相应的技巧，这样既有利于学生专注于听力材料的内容，也有助于培养学生良好的听力习惯，从而提升听力水平。

在听力练习中由于教学硬件条件的不足，四川藏区学校基本都比较缺乏视听练习的设备，听力练习主要以机听和面听为主。在具体的操作上教师可以根据听力材料的内容难易来选择重听的次数，一般来说重复的次数不宜超过三遍。第一遍主要以把握大意为主，学生可以不记笔记；第二遍以抓细节信息为主，学生应当学会利用笔记来辅助要点的记录；第三遍以听结构为主，学生要尝试厘清听力材料的语篇构架思路。需要强调的是，虽然这一三步法的练习方式可以引导学生逐步提升听力水平，但教师应当首先保证第一遍的听力效果。因为在实际的交际过程中并不存在多次重复的机会，不强调第一遍的重要性会使学生产生对重复次数的依赖，从而影响听力的敏锐度。同时，虽然学校无法提供视听的条件，但调查发现在藏区收看电视还是比较普遍的。因此，教师应当引导学生在课外通过汉语电视节目来练习视听，通过泛听来扩大学生对听力话题的掌握范围。

56

在听后巩固阶段，目前四川藏区学校主要以完成听力练习为主。笔者认为，除了机械练习，还应注意学生对听力材料理解的反馈。例如，听后用汉语复述大意不但能帮助学生厘清篇章结构，也有助于听说同步提高；落后一两个词语的跟读练习适合于篇幅较长的听力材料，这一方法可以帮助学生集中注意力并模仿汉语的语音语调；在中高级课堂中还可以加入适当的翻译练习，以检验学生是否真正理解了材料。

与听力教学相比，汉语口语教学的开展就更为不足，笔者所调查的学校均未专门开设汉语口语课或组织口语测试，再加上学生的社会环境及家庭环境均不利于口语的练习，所以提高汉语课堂的口语教学效率显得至关重要。藏区汉语口语的教学目标可以参考陈昌来（2005）概括的对外汉语口语教学特点，概括如下：

一是培养学生有效沟通的能力，也就是说口语教学应当是一个互动的过程，口语教学不是以学生一味地说作为衡量其效果的评价标准。在实际沟通中，针对对话人说话信息的有效反馈也是非常重要的，毕竟沟通交流而非独白才是语言真正的功用。

二是培养学生对交际功能和语境的把握。交际中包含了说话人特定的交际目的和意图，例如道歉、感谢、介绍、邀请、问候、祝贺等，交际对象也涵盖了说话人的性别、职业、身份、年龄等信息。所以，在交际中如何具体问题具体分析就显得格外重要，承载不同语境的语言结构，也就是遣词造句往往也各有不同，且存在着大量可以替换的变体。学生应该依照语境熟练掌握各种变体的使用范围，以保证说话的得体性。

三是培养学生汉语表达的准确性和流利性。这一点对中高级汉语学习者来说十分重要，因为沟通不仅有赖于正确的发音、准确的措辞，还依赖于表达的得体。口语表达若是断断续续，势必会降低听话人接收信息的效率。这一点说到底就是要加快思想到语言的转换速度，因而教师在教学中就应当由简入繁，从学生最熟悉、最有交谈意愿的话题入手，逐渐过渡到较为抽象的话题。同时，在口语训练中，教师对学生所产生的语言偏误不宜过多纠正，对自我监控较强的学生也应鼓励其保证语言的流利。

四是培养学生的跨文化交际能力。藏文化与汉文化之间存在着许多不同之处，在汉语教学中教师既可以从文化上讲解这些差异，从而概括交流中可以避免或弱化的文化冲突，也可以参考我国的民族政策，培养学生交流中互相尊重的交际态度。

就具体的口语教学模式来看，当前藏区既缺少汉语口语教材，又没有单独的汉语口语课，教师在有限的条件下应就地取材，即依据汉语精读教材的相关语言点和话题，设计一些口语训练任务。而在具体的口语教学方式上，教师一定要灵活变通，将各种方法综合穿插利用，使口语教学更贴近实际，也更生动有趣。常见的对外汉语口语教学方式也同样适用于藏区的汉语教学，例如互动问答、情景对话、直观描述、复述讲述、演讲报告、角色扮演、辩论讨论等都是可以采纳的方式。

从上述分析可以看出，藏区汉语听说教学需要学生更多的互动参与，而20世纪70年代兴起于美国的合作学习（Cooperative Learning）由于在改善课堂氛围，增进师生互动、生生互动，减少学习焦虑，培养合作意识等方面所体现的巨大优势，且分小组学习的模式也有利于在听说课中营造相对真实的交际情境，显然应该引入藏区汉语教学尤其是听说教学当中。依照斯莱文（1994）对合作学习概念的解读，有三个观念在合作学习中十分重要：小组奖励、个体责任和成功的均等机会。笔者认为，这三点也同样可以作为在藏区开展汉语听说合作学习的指导原则。具体而言，小组奖励就是要首先制定标准，如学生对听力信息的复述必须包含时间、地点、人物、事件等要素，那么小组成员在练习或复述中一旦完成了这些核心信息的表达，教师就应该对小组和个体成员进行表扬或在设立的计分榜上进行加分。这样可以提升学生建言献策的积极性，增加汉语学习过程中的集体荣誉感。个体责任就是在分小组开展合作听说练习的过程中，必须明确每一个人的责任。以一个七人的小组为例，应当至少包含一名监督者，负责监督每一个小组成员是否都开口操练了汉语；一名组长，负责协调组员的分工及控制发言时间，并将小组意见整理汇总；一名发言者，负责将全组的答案或观点在全班予以呈现；一名记录者，负责记录每位成员的发言内容。各项分工可以由组员轮流担当，这样保证了一些汉语听说水平一般或较弱的学生不会在小组中浑水摸鱼，确保了每一名小组成员的学习效果。成功的均等机会就是要保证听说任务有难有易，这样快、中、慢水平的学生都能树立学习的信心，实现在小组中的角色价值。

在藏区汉语听说合作学习方法上也可以综合利用目前已有的一些合作学习法，概述如下：

首先，可以采用学生小组成绩分工法（STAD），由于四川藏区学校一个班通常有五六十人，所以可以将学生分为六至八人的学习小组，小组成员的汉语水平应该既有高的，也有低的。以听力练习为例，教师可以先在全班播放听力材料，然后每组都要完成一张与听力内容相关的测试卷，题量与小组人数保持一致或略有减少，难度适中或较低。然后，学生根据彼此听到的内容互相讨论，将卷子答完并通过集体努力尽可能详细地复述听力内容。最后，教师再播放一遍听力材料，学生独立完成难度较高的听力理解题，不再允许互相帮助，教师也可以从每组学生中选出一人来进行目的语复述或跟读练习。学生独立测评的分数与其之前的平均分相比，以超过的分数计个人分，然后再统计每个小组的个人分之和，达到一定分值的小组可以获得奖励。这样学生一方面纵向和自己比，不易丧失信心。另一方面学生以小组的形式横向同他人比，不易使学生懈怠。

其次，可以采用小组游戏竞争赛法（TGT），该方法与学生小组分工法唯一的不同是个别测试被竞赛所取代。以上述所举的听力练习为例，教师可以按小组人数准备相应个数的问题。在过去汉语测验中有着相近成绩的学生被平均分配到各组，因此在竞争中，这些水平相近的学生进行抢答，由此为小组争得分数。这样，汉语水平高和水平低的学生都有机会为小组获胜贡献自己的力量。

最后，可以采用切块拼接法（Jigsaw）。以藏区口语教学为例，教师可以将一个口语话题按小组人数分成若干部分。如讨论汉语"问候"的表达方式时，可以根据说话人的主体身份细分为同学间的问候、师生间的问候、陌生人间的问候等，每组学生讨论一种类型的问候并编成一个小组对话。最后，每个小组分别表演自己的对话，其他小组的组长和教师一同来进行评判，获高分的小组和个人都能够得到相应的奖励。该方法化整为零，提高了课堂效率，学生间互相合作，降低了学习难度。

总之，合作学习作为当前一种不断被提倡的教学方法，在藏区汉语教学，尤其是听说教学中可以为学生营造逼真的汉语交际语境，在锻炼语言能力的同时，也能增强学生的跨文化交际能力、沟通能力、协调能力，并培养学生的合作意识、竞争意识、团队意识，应当得到当地教育工作者的充分重视和利用。

六、引导学生形成正确的汉语学习动机，提高学生汉语语言综合能力

通过前文的分析，可以看出学生提高语言输出技能的动机要大大强于提高语言输入技能的动机。究其原因，结合对教师的访谈内容可总结如下：

第一，学生最迫切希望提高的口语与之前分析过的最基本的交际动机是密不可分的，交际的意愿越强，提高口语的意愿也就越强。由此可见，虽然没有特定的汉语口语考试，也就是没有外

在考试动机的驱动，内在的交际动机也足以使学生在汉语学习上收获和考试动机鞭策下相同甚至是更好的学习效果。因为一些学者已经证实，内在动机比外在动机更能促进语言学习的成功，如石永珍（2000）对大学生的英语学习动机和学习效果之间关系的分析就证明了这一点。

第二，听力学习动机之所以不强烈，笔者认为首先和教材有关。本书的研究对象虽身处边远藏区，但其使用的汉语教材却是和全国大部分初中生一样的人教版初中语文课本。由于该套教材并非二语教材，而是主要针对汉语为母语的学生提高语文修养的综合教材，其侧重点主要在读写上，在教材中并无专门针对听力的模块。由此一来，教师在课堂讲解中自然也就不会过多关注学生听力技能的培养。所以文本设置缺少听力模块，即教材内容设置的不足——资源动机的不足是抑制听力动机首当其冲的一个原因。其次，研究对象听力动机较弱与听力资源稀缺也有关系。调查显示，虽然该教材配有录音磁带，但拥有该磁带的学生只占了6%。同时，新都桥藏文中学虽然在1997年建立了语音室，但是这套设备已严重老化，无法使用，教室里也并未配置多媒体播放设备，教师上课无法进行幻灯片和影音资源的展示。而当地偏远的地理位置和学生较为贫困的家庭背景也使得对网络资源的利用十分有限，学生家里大都没有安装互联网，上网只能去网吧，而且学生对网络资源的检索知识也十分匮乏。因此，虽然互联网上有海量的汉语听力资源，但大部分学生都受制于客观条件而无法接触到。最后，听力动机不强烈与考试的间接引导有关。研究对象的考试主要有每个月的月考、一学期一度的期中考试和期末考试，以及每年7月由7、8年级参加的甘孜州统考。这些考试主要是考察学生的读写能力，另外一些对字词运用能力的考察也可从广义上归入读写能力中。学生在考试这一工具动机的驱使下，无论是在平时的学习过程中，还是在备考时，其注意力大都集中在读写上。所以，一旦学生取得较为满意的成绩，或是在升学考试中取得高分，这种成就感所触发的自我效能动机就会强化学生对提高读写能力的渴望。反观听力，它不属于考试项目，当然也就无法带给学生成就感，无法触发学生的自我效能动机，因此学生的听力动机较弱也就不难理解了。当然，这也从侧面证明了以考试升学动机为代表的工具动机能够激发学生的阅读动机和写作动机。

最后简单分析一下强度居中的读写动机。除了上文分析过的工具动机会触发学生的读写动机外，资源动机还值得做进一步的细分，这主要表现在阅读文本的内容上。除了之前分析过的教材外，在调查中，学生大都将读写能力强的另一个原因归于自己喜欢看课外读物，其中54％的学生主要看作文书，18％的学生主要看报纸，14％的学生主要看阅读练习册，10％的学生主要浏览网上信息，1％的学生主要看小说、流行杂志等休闲读物，剩下3％的学生几乎不看课外读物。从中可见，学生阅读文本的内容主要还是课堂阅读的延伸，主要训练的也是学生读写的能力。但由于作文书、报纸和阅读练习册大都是教师布置的阅读作业，因而学生在外力作用下产生的读写动机当然就要比内在交际动机触发下的口语动机要弱。而所接触文本的丰富性和教材本身对读写的重视又使得读写动机在资源动机的广度和深度上都超过了听力动机。这里需要指出的是虽然只有1％的学生课下主要阅读一些休闲读物，而其他学生大都只是作为消遣，但这些读物所激发的读写动机却不容小觑。通过对教师的访谈得知，大部分学生对作文书、阅读练习册和报纸并不感兴趣，只是为了完成作业勉强读之，学生最感兴趣的汉语读物是那些休闲读物，如《故事会》、武侠小说、言情小说和一些有关娱乐明星的杂志等，学生往往会主动购买并阅读这些读物。由此可见，生动、时尚的文本内容比严肃、知识性强的内容更能激发学生的阅读动机。同时，由于学生大都处在青春期，在阅读完这些读物后往往愿意抒发一些感想，而这些感想大都用汉语以随笔的方式记录在日记中，或被当作写作素材融入作业，或成为同学间茶余饭后的谈资。由此，阅读动机便间接触发了写作动机和口语动机。总而言之，研究对象读写动机的触发主要来源于外在的工具动机，但与文本资源动机的广延性、丰富性和生动性也是密不可分的。

　　基于此，四川藏区汉语教师需要对学生的汉语学习动机有一个正确的引导，笔者将引导学生汉语学习动机的建议概括如下：

　　首先，要激发学生的听力动机。学生的听力动机薄弱直接导致了听力能力的降低，事实上也直接制约了口语水平的提高。尽管学生的口语动机很强，对口语学习效果的自我评价也很高，但因为没有标准化的口语考试，所以学生的自我评价并不客观。从访谈中笔者也发现学生大都以日常的基本交流作为自己口语学习效果的评定标准，所以大部分学生用汉语进行日常寒暄是没有问题的。而学生在用汉语来表达一些对复杂问题的看法和见解时就感觉较为困难，要么是一时找不出一个合适的词，要么在遣词造句的选择上显得过于单一。究其原因，还是学生的听力输入不够丰富直接导致了口语输出的贫乏，从上述的动机模型也可以看出听说动机间出现了一定程度上的"断层"，其联系并不紧密。而反观读写动机，二者的联系就相对紧密得多，因而学生的综合读写能力也比较强。针对上述情况，笔者认为教师应当担负起激发学生听力动机的责任。在多媒体和网络资源匮乏这一问题不能短时间内解决的情况下，应当充分利用录音机，除了课本磁带外，教师既可选择一些鲜活的语音材料，如故事、相声等，也可以利用一些录音机自带的收音功能，让学生收听汉语广播节目。这些材料无论是在丰富性还是生动性上都能有效地刺激学生的听力动机。在教学方法上，教师应该多采用情景法和听说法，即强调听说领先，重视模仿、重复和记忆；在语言测试上，课题成员认为

63

有必要进行专项的听说测试，尤其是听力测试，测试的素材可由教师根据学生的情况自己搜集编写，也可从 MHK（中国少数民族汉语水平等级考试）中选取一些难度较低的题。考试的形式既可以是定期的单元测验，也可以上升到期中、期末考试的层面，从考试动机上进一步激发学生的听力动机。在学生教材短时间内不会变动的前提下，教师也可以自行编写听力讲义，或从现有的汉语听力教材中选择一些生动鲜活的内容来巩固课堂听力教学，从听力资源上激发学生的听力动机。

其次，要注重学生的个体差异。通过对兴趣动机的分析可以看出，相同的外部环境不一定会激发每个学生的兴趣动机，所以教师在课堂教学中要尽量丰富自己的教学手段和讲授材料以满足不同学生的需求。对那些知识动机不强的学生，一方面可以通过考试、升学、求职等外部动机给予暗示，也可以有针对性地在课堂上或作业中融入一些文字优美生动的文本以提高学生汉语学习的热情；对那些听课动机不强的学生，教师除了运用不同的教学方法外，还要尽可能融入一些互动性强的教学方式，如小组讨论、抢答辩论等教学环节的设置都可以使学生在课堂上集中注意力，从教学形式上激发学生的听课积极性；而对于那些资源动机不强的学生而言，教师可以多筛选一些课外的文本资源，并尽可能确保这些资源和学生兴趣的契合度，如武侠言情小说、时尚文学等，以此调动学生学习汉语的积极性。

第三，要强化学生的内部动机。通过言内技能的分析可以看出，除了口语动机直接由交际动机这一内部动机触发外，其余三项技能动机的触发都直接依赖于资源动机和工具动机，而知识动机、兴趣动机、自我效能等内部动机反倒由外部动机间接推动，形成了内因通过外因起作用的特殊现象。这说明学生的学习目的大都不是非常明确，看不到汉语学习对自己长远的影响，所以才将关注点放在了眼下面临的考试、升学等外部动机上。鉴于此，宏观上，教师可以不断强化汉语学习本身对个体、民族和国家的重要意义，使学生的学习目的更为高远；微观上，教师可以帮助学生一起制定学习计划，并适时地为学生提供一些操作性强的学习策略，通过知识的掌握来促进自我效能的提高，从而使学生在汉语学习中更加自信。而内部动机的增强也能使学生的汉语学习积极性更加持久和深入。

最后，要培养学生综合运用四项语言技能的能力。从本书第二章所述的动机模型图中可以看出，言内动机是以阅读动机为核心的，阅读动机可以直接作用于写作动机和口语动机，听力动机相对处于被"隔绝"的状态，其余动机间互相作用的程度也不强。而多样性（variation）是保持学习者注意力的核心成分（Crookes & Schmidt，1991）。所以笔者认为，教师除了可以像上文所述那样丰富教学手段和教学活动外，还可以将听说读写四种技能有机地联系起来设置课堂环节，使四项言语动机互相刺激。例如先听后读再讨论或再用文字总结等方式就有助于学生在汉语四项技能上的均衡发展，而言内动机的综合提高也能更全面提升学生的汉语水平。

七、建立科学的藏区汉语教学评价体系

首先，当前四川藏区汉语教学的评价体系还未建立，所以，笔者认为应当着重完善藏区汉语教学的评价体系。本书以斯塔弗尔比姆的"CIPP模式"为理论基础，结合四川甘孜、阿坝藏区汉语教学的实际影响因素，提出了藏区汉语教学评价体系，该体系主要由师资素质、教学对象、教学方法与手段、教学效果等组成（见表4−1）。

表 4-1 四川藏区汉语教学评价体系

一级指标	二级指标	评价标准
师资素质	专业知识	具有中专以上学历，掌握教育学和心理学的理论知识，了解汉语教育最前沿的信息动态，关注汉语教育的相关理论。
	教学水平	教学经验丰富，具有较强的教学内容整合能力。
	汉语能力	汉语水平扎实，具有较丰富的汉语言文学专业素养，能用汉语表达专业知识和熟练地交流，语音纯正，最好能通过国家的汉语资格考试。
	教学态度	教学态度端正，充满激情。
教学对象	汉语知识和能力	通过甘孜、阿坝地区年级统考或 MHK（中国少数民族汉语水平等级考试）2 级。
	学习态度	学习态度积极，能较充分地认识到汉语学习的重要性。
教学内容	教学目标	符合民族地区汉语教学大纲——《全日制民族中小学汉语课程标准（试行）》（2006 年）的要求，切合学生实际，培养熟练掌握汉语和汉语知识的人才，满足国家、地方和学生未来发展的需要。
	教学课程	课程设置、课程目标、课程计划、课程安排、课程实施，确定不同性质的教学其总体设计的合理性和实施的可能性。建立各门课程的评价标准，从而对汉语教学进行监控和评价，保证课程的科学性和有效性。
	教学理念	注重提高学生汉语水平和汉语综合交际运用能力；注重促进学生汉语知识和能力素质的综合发展。
	教学内容	符合《全日制民族中小学汉语课程标准（试行）》规定的各年级教学内容，适合少数民族学生的汉语教学特点。要求内容准确无误、重点难点突出、容量深度适宜、有机渗透文化。

续表4-1

一级指标	二级指标	评价标准
教学方法与手段	教学方法	熟练使用汉藏语教学，教法灵活有效、教学策略运用得当、有效调动学生积极参与学习、促进学生积极思考并进行学法指导渗透。
	教学过程	教学环节合理、双向互动活跃、反馈调节及时。
	教学技能	课堂驾驭能力强、语言板书演示规范、启发激励机制运用到位。
	教育信息技术的利用	恰当、充分地使用现代教育技术手段促进教学活动开展，并在激发学生学习兴趣和提高教学效果方面取得实效。
教学条件	教材和教学资料	突出藏区汉语教学是属于第二语言教学的学科特点，体现该学科最前沿动态。教材的知识体系合理，具有系统性，教材的难易程度适当，符合少数民族地区的实情。
	教学管理	制定办学目标与规划、课堂教学管理、学生管理、考试与成绩管理等评价内容和标准，确保汉语教学的顺利进行和发展。
教学效果	语言目标	藏语能力和汉语能力是否提高，特别是汉语实践能力和综合运用能力是否得到提高。
	学科目标	突出学科特点，学生的汉语知识达到课程规定的要求，强调全面提高学生的汉语基本素养。
	认知目标	学生认知水平的发展，自主学习能力的增强，自信心的强化，学习兴趣的激发，学习技巧的获得等方面。
	其他目标	工具性兼顾人文性，促进创新能力、情感态度与价值观方面的发展，实施素质教育。
政策支持	教学经费保障情况	教学经费是否充裕，能否满足教师教学要求。
	教学激励措施	学校支持鼓励汉语课程的政策措施得力。

四川藏区汉语教学评价体系的建立是一项复杂的综合工程，

需要多角度、多方面的研究，将理论与实际相结合，并不断完善才能逐步构建起来。本书在对汉语教学内容，汉语教师的素质、教学能力，教学效果，以及对学生的个体差异、学习过程、学习机制和汉语综合交际运用能力等进行评价的基础上，结合四川藏区汉语教学的实际影响因素，力求构建一个科学的汉语教学评价体系，以此来提高四川藏区汉语教学的质量和效果，促进学生全面发展。

八、加强教育管理，增加教育经费投入

双语教学是民族教育发展的重要组成部分，也是藏区普及九年制义务教育的关键，是一项政策性强、社会影响大的系统工程，当地有关部门需要切实加强管理。

首先，完善各项管理制度。制度建设是实现管理目标的基本手段，制度建设要不断完善和健全。"辅助型"和"藏加"模式是藏区中小学开展双语教学时最基本、最直接的教学模式。因此，藏区的汉语教学计划应该按大纲要求做到基本统一，这样不仅有利于评估，更重要的是能保证教学质量的全面提高，加快汉语教育教学体系的形成。在加强师资队伍建设的同时，必须加强对藏汉双语教师队伍的管理。

其次，进一步完善藏区的汉语教学规划。制定合理的规划，是理顺关系、确立体制的前提。有了合理的规划，才能使汉语教学有章可循，实现统一协调、分步实施的运转效应。

第三，加强对基层学校汉语教学实施情况的督导和检查，充分发挥督导机构的职能和作用，确保规划的严肃性，坚决杜绝各行其是、政出多门的现象发生。

最后，当地教育部门应加大教育经费的投入。一是可以利用资金完善校园建设和教学设备，使得藏区汉语教学的手段更加丰富。二是可以用来提高教师的待遇。据调查发现，四川藏区一些

学校的汉语教师除国家规定的工资收入外，无其他任何收人，工资收入明显低于其他地区的教师，本来当地就比较偏远，生活条件差，再加上待遇也低，因此一部分教师（包括一部分本地教师）不愿在该地区工作而要求调走。三是用来增设寄宿学生奖学金。四是用来开展一些校园活动，使四川藏区学生的校园活动更加丰富。五是设立贫困助学金，力争不让每一个贫困孩子失学。

第五章 建 议

本书的研究在取得了一定阶段性成果的同时还存在两点改进的空间，概述如下：

首先，四川藏区学生的样本容量还应进一步扩大。本书所调研的藏区学生主要集中在两所学校。虽然参与学生的数量较多，但学生汉语学习水平的多样性和差异性还有待进一步揭示和展现。偏远地区的藏区学校的汉语教学在教师水平、学生基础、教学管理、教材选用以及教学方法上都存在着较大的差异，如果能长期深入藏区，对绝大多数有代表性的学校进行"地毯式"和"跟踪式"的调研，那么研究的信度和效度都会得到相应的提高，所提出的建设性建议也将更具体、更具有针对性。

其次，对四种藏区汉语教学模式的分类研究应更加完善。具体来说，本书主要分析了由"辅助型"藏汉双语教学模式向"藏汉并举型"的双语教学模式过渡的"藏加"模式在当地的教学情况，对单一的汉语教学模式和"藏单"模式（单一的藏语教学模式）的探索还有待进一步深入。虽然从客观上看，所调研地区的学校并没有足够的实力来开展"辅助型"模式和"藏加"模式的汉语教学，但这并不能排除个别教师在主观上已经进行了后两种模式的教学探索。因此，如果在时间、经费都充足的情况下，通过拉网式的走访调研，一旦发现存在这样的个例，那么通过对个例的细致分析，也能够对后两种汉语教学模式在实践中的可行性及制约因素进行总结，为其进一步大规模发展提供必要的参照。

70

通过前文的分析，笔者也得到了一些启示，简述如下：

首先，当前四川藏区汉语教学的评价体系还未建立，所以，笔者认为应当着重完善藏区汉语教学的语言测试体系，尤其是初级阶段的测试体系。当前由于四川藏区中学的汉语教材使用的是人教版的语文课本，所以在评价学生的汉语水平时也大都运用了汉族学生的语文考试题目。由此导致的结果便是学生在学习中遇到的挫折在考试中被加以放大，从而打击了四川藏区学生学好汉语的积极性。因此，四川藏区教育管理者和教师应当由浅入深地设计汉语测试的标准，在初级阶段适当放低对学生汉语能力的要求。鉴于学生薄弱的汉语基础，初级阶段的汉语测试要保证测试的高效度。测试内容应以汉语拼音、基础汉字的书写、简单的遣词造句为主。在信度上要确保测试的稳定性，也就是说每次测试的难度系数不宜差距过大。同理，在初级阶段，汉语测试的区分度也不宜过大，这样可以有效地巩固学生的学习信心。同时，要重视汉语测试的后效作用。应当在已有的汉语读写能力考查的基础上，更加注重汉语听说能力的测评。这样学生就不至于一切都向考试看齐，从而忽略了汉语作为一门语言最重要的交际功能。而对中、高级的学生来说，应当在测试标准上相应地增加难度，这一方面是学生汉语水平提高的主观需要，另一方面也是目前升学考试的客观要求。

其次，应当加强藏区汉语教师队伍的建设。对目前大部分的汉族教师而言，应鼓励其学习一定的藏语，至少也应当了解藏汉双语的异同，为教师开展藏汉双语教学提供便利。同时当地教育管理者也应当强化对藏族汉语教师的培训。当地政府可以就地与学校合作，也可以与高校合作，针对有志于从事汉语教学事业的藏族教师开展一些汉语短训班，以此推动汉语教师队伍的稳固发展。

第三，当地教育管理者应对汉语教师的教学水平制定标准，并定期开展对教师教学能力的考评。标准及考评的内容可以从教学设计、教学研究、课堂教学、学生反馈等多种渠道综合考量，确保教师对其工作职责有一个清晰的界定。同时，当地学校及教委也可以定期组织汉语教学比赛或构建各学校汉语教师间互相学习的沟通渠道，帮助汉语教师在良性竞争的工作氛围下努力提高自身的汉语教学教研水平。

第四，当地教育部门也应注重对汉语教师进行相关民族政策的宣传和培训，对教师进行《全日制民族中小学汉语文教学大纲》和《全日制民族中小学汉语课程标准》的培训。这样，一线汉语教师在备课及授课过程中就能够做到心中有全局，有的放矢地开展四川藏区的汉语教学。

最后，当地教育部门也应当继续保持在教育投入上的稳定增长。一方面可以利用资金完善教学硬件设备，使得藏区汉语教学的手段更加丰富；另一方面也可以利用资金为汉语教师的发展提供更为有利的平台，例如设立长期有效的教师进修机制，鼓励教师深造，开展严谨规律的集体教学教研等，以此来确保四川藏区汉语教师质量的提高。

主要成果

本书研究内容涉及对外汉语教学（汉语国际推广）和少数民族教育的方针政策等方面的问题，项目结题时已发表的论文如下：

1. 雷莉. 美国孔子学院汉语言文化推广模式研究. 西南民族大学学报（人文社会科学版）（C 刊）. 2013（11）.

2. 雷莉，倪亮. 边远藏区少数民族学生汉语学习动机模型及其启示. 民族教育研究（C 刊）. 2014（03）

3. 雷莉，赵盈仪. 边远藏区少数民族汉语教学与对外汉语教学的比较. 宜宾学院学报（社科版）. 2014（02）.

4. 李昊. 汉语国际传播视觉下的跨文化交际能力及其培养. 现代传播（C 刊）. 2012（07）.

5. 李昊. 对外汉语专业人才培养模式及课程设置探析. 西南交通大学学报（社会科学版）（CSSCI 扩展版）. 2012（04）.

6. 鲜丽霞. 利用真实材料进行语言教学. 中文教师学会学报（美国）. 2012（01）.

7. 鲜丽霞. 谈对外汉语文化课中的语言因素教学. 世界华文教育，2013（04）.

其中，课题阶段性成果《利用真实材料进行语言教学》在 2011 年的全美中文大会上做了交流发言、《美国孔子学院汉语言文化推广模式研究》在 2012 年迈阿密中美文化交流（美国）大会上发言。

参考文献

一、专著

［1］Bachman L. F. Fundamental Considerations in Language Testing ［M］. Oxford University Press，1990.

［2］Ellis. R. The Study of Second Language Acquisition ［M］. Oxford University Press，1994.

［3］Glover，John A & Bruning，Roger H. Educational Psychology Principles and Application ［M］. Gleniew，Illinois；Scott. Foresman and Company，1990.

［4］Gollinick，D. M. Multicultural Education in a pluralistic society ［M］. Columbus：Merrill publishing Company，1990.

［5］Krashen，S. Second Language Acquisition and Second Language Learning ［M］. Oxford：Pergamon Press，1982.

［6］Kramsch，C. Context and Culture in Language Teaching ［M］. New York：Oxford University Press，1994.

［7］Limon M. & Mason L. （eds.）Reframing the Process of Conceptual Change ［M］. Netherlands：Kluwer Acad，2002.

［8］Maye，R. E. Thinking，Problem Solving，Cognition ［M］. New York：Freeman. 2nd ed. 1992.

［9］Richards，J & T. Rodgers. Approaches and Methods in Teaching ［M］. Cambridge：Cambridge University Press，1986.

［10］爱德华·霍尔. 无声的语言［M］. 何道宽，译. 北京：北京大学出版社，2010.

［11］霍凯特. C. F. 现代语言学教程［M］. 索振羽，叶蜚声，译. 北京：北京大学出版社，1986.

［12］卡尔·雅斯贝尔斯. 什么是教育［M］. 邹进，译. 北京：生活·读书·新知三联书店，1991.

［13］马勒茨克. 跨文化交流——不同文化的人与人之间的交往［M］. 潘亚玲，译. 北京：北京大学出版社，2001.

［14］萨姆瓦. 跨文化传通［M］. 陈南，龚光明，译. 北京：生活·读书·新知三联书店，1981.

［15］皮特·科德. 应用语言学导论［M］. 上海：上海外语教育出版社，1983.

［16］伍尔福克. 教育心理学（第十版）［M］，何先友，等，译. 北京：中国轻工业出版社，2008.

［17］常永才. 文化变迁与民族地区农村教育革新［M］. 北京：中央民族大学出版社，2007.

［18］陈昌来. 对外汉语教学概论［M］. 上海：复旦大学出版社，2005.

［19］陈中永. 教育心理学［M］. 呼和浩特：远方出版社，2003.

［20］程裕祯. 新中国对外汉语教学发展史［M］. 北京：北京大学出版社，2005.

［21］崔永华. 对外汉语教学的教学研究［M］. 北京：外语教学与研究出版社，2005.

［22］戴庆厦. 中国少数民族双语教育概论［M］. 沈阳：辽宁民族出版社，1997.

［23］戴庆厦. 语言和民族［M］. 北京：中央民族大学出版社，1994.

［24］戴庆厦. 第二语言（汉语）教学概论［M］. 民族出版

社，1999.

［25］丁文楼. 中国少数民族双语教学研究与实践［M］. 民族出版社，2002.

［26］桂诗春. 心理语言学［M］. 上海：上海外语教育出版社，1985.

［27］俸兰. 新世纪我国民族教育发展研究［M］. 民族出版社，2004.

［28］胡坦. 藏语研究文论［M］. 北京：中国藏学出版社，2002.

［29］哈经雄. 中国少数民族高等教育学［M］. 南宁：广西民族出版社，1991.

［30］哈经雄，滕星. 民族教育学通论［M］. 北京：教育科学出版社，2001.

［31］何俊芳. 中国少数民族双语研究历史与现状［M］. 北京：中央民族大学出版社，1998.

［32］阁卫国，傅淳. 教育心理学［M］. 昆明：云南人民出版社，2004.

［33］胡书津，王诗文. 藏语文化语言学发凡［M］. 成都：四川民族出版社，2008.

［34］胡文仲. 跨文化交际学概论［M］. 北京：外语教学与研究出版社，1999.

［35］黄锦章，刘焱. 对外汉语教学中的理论和方法［M］. 北京：北京大学出版社，2004.

［36］姜丽萍. 对外汉语教学论［M］. 北京：北京语言大学出版社，2008.

［37］李泉. 对外汉语教学理论研究［M］. 北京：商务印书馆，2006.

［38］刘宝俊，等. 中国少数民族双语教学研究与实践［M］. 北京：民族出版社，2002.

［39］刘珣. 对外汉语教育学引论［M］. 北京：北京语言大学出版社，2000.

［40］刘珣. 对外汉语教学概论［M］. 北京：北京语言大学出版社，1997.

［41］吕必松. 对外汉语教学发展概要［M］. 北京：北京语言大学出版社，2006.

［42］吕必松. 汉语和汉语作为第二语言教学［M］. 北京：北京大学出版社，2007.

［43］孟立军. 论中国民族教育［M］. 南宁：广西民族出版社，2001.

［44］欧阳祯人. 对外汉语教学的文化透视［M］. 北京：北京大学出版社，2009.

［45］齐沪扬. 对外汉语教学语法［M］. 上海：复旦大学出版社，2005.

［46］苏新春. 文化语言学教程［M］. 北京：外语教学与研究出版社，2006.

［47］孙若穷. 中国少数民族教育学概论［M］. 北京：中国劳动出版社，1999.

［48］滕星. 文化变迁与双语教育［M］. 北京：教育科学出版社，2001.

［49］万明钢，刘显翠. 现代社会心理学［M］. 北京：对外经贸大学出版社，2013.

［50］王本华，王世友. 民族中小学汉语教学论稿［M］. 北京：人民教育出版社，2008.

［51］王国安，要英. 汉语国际推广与中国文化［M］. 上海：学林出版社，2008.

［52］吴中伟，郭鹏. 对外汉语任务型教学［M］. 北京：北京大学出版社，2009.

[53] 夏铸，等. 中国民族教育 50 年［M］. 北京：红旗出版社，1999.

[54] 谢宁. 面向 21 世纪的基础教育和民族教育［M］. 北京：气象出版社，1992.

[55] 杨惠元. 课堂教学理论与实践［M］. 北京：北京语言大学出版社，2007.

[56] 张诗亚. 回归位育：教育行思录［M］. 重庆：西南师范大学出版社，2009.

[57] 赵慧. 双语教学纵横谈［M］. 天津：天津教育出版社，2006.

[58] 赵金铭. 对外汉语教学概论［M］. 北京：商务印书馆，2008.

[59] 赵金铭. 对外汉语教学概论［M］. 北京：商务印书馆，2004.

[60] 周思源. 对外汉语教学与文化［M］. 北京：北京语言大学出版社，1998.

[61] 周小兵，李海鸥. 对外汉语教学入门［M］. 广州：中山大学出版社，2004.

[62] 周小兵. 对外汉语教学导论［M］. 北京：商务印书馆，2010.

[63] 朱志平. 汉语第二语言教学理论概要［M］. 北京：北京大学出版社，2008.

[64] 中华人民共和国教育部. 全日制民族中小学汉语课程标准（试行）［M］. 北京：人民教育出版社，2006.

[65] 中华人民共和国教育部. 义务教育语文课程标准［M］. 北京：北京师范大学出版社，2011.

[66] 教育部民族教育司汉语课程标准研制组. 全日制民族中小学汉语课程标准（试行）［M］. 北京：人民教育出版社，2008.

[67] 语言教育与对外汉语教学［M］. 北京：外语教学与研究出

版社，2006.

［68］康定民族师专编写组．甘孜藏族自治州民族志［M］．北京：当代中国出版社，1994.

二、论文

［69］Mayer，R. E. What Good is Educational Psychology，The Case of Cognition and Instruction［J］．Educational Psychologist，2001，36（2）.

［70］才让措，程芙蓉．藏汉双语教学研究的创新思路［J］．青海师范大学学报（哲学社会科学版），2011（3）.

［71］常永才，哈经雄．对社会转型期民族教育发展若干热点问题的思考［J］．民族高等教育研究，2013（2）.

［72］常永才，哈经雄．建设和谐社会、文化多样性与民族教育均衡化发展［J］．湖北民族学院学报（哲学社会科学版），2005（6）.

［73］韩文富，蒋琼芬．民族中小学汉语教学重新定位为二语一言教学——从"汉文"到"汉语"的课程称谓之变的解读［J］．中国民族教育，2007（11）.

［74］陈中永．突出教师教育特色和民族特色服务于民族地区基础教育——内蒙古师大民族基础教育研究与实践［J］．内蒙古师范大学学报（教育科学版），2005（7）.

［75］程棠．对外汉语教学学科发展说略［J］．汉语学习，2004（6）.

［76］崔永华．以问题为导向的对外汉语教学学科建设刍议［J］．语言教学与研究，2005（3）.

［77］崔永华．二十年来对外汉语教学研究热点回顾［J］．语言文字应用，2005（1）.

［78］德尔基彭错，袁晓文，杨健吾．四川民族地区教育发展研究

[J]．西南民族学院学报（哲学社会科学版），2000（12）．

[79] 方晓华．对少数民族汉语教学与外汉语教学的比较［J］．语言教学与研究，1997（4）．

[80] 哈经雄．新历史阶段的民族教育［J］．民族教育研究，2008（2）．

[81] 哈经雄，滕星．民族教育学学科体系构成及现状［J］．民族教育研究，1996（4）．

[82] 何波，马丽君．藏汉双语教育政策体系构建的基本原则［J］．青海师范大学学报（哲学社会科学版），2011（3）．

[83] 胡书津．试论我国民族教育与民族语言的关系［J］．西南民族学院学报（哲学社会科学版），1996（3）．

[84] 华锦木．对少数民族汉语教学的学科定位［J］．语言与翻译（汉文），2003（4）．

[85] 金花．少数民族汉语教学与语文教学之比较［J］．中国民族教育，2006（5）．

[86] 金立鑫．试论对外汉语教学学科的科学属性及其内部结构［J］．暨南大学华文学院学报，2002（1）．

[87] 靳尚怡．少数民族汉语教学的性质与特点［J］．汉语学习，1989（6）．

[88] 雷莉，赵盈仪．边远藏区少数民族汉语教学与对外汉语教学的比较［J］．宜宾学院学报，2014（2）．

[89] 李大东．构建少数民族学习汉语的科学评价体系——全面推进民族学校汉语教学改革［C］//双语教学与研究（第六辑）．民族出版社，2007．

[90] 李明芳，浅析藏汉双语模式下的高中课程改革——康定县藏文中学高中新课改的调查报告［J］．改革与开放，2011（18）．

[91] 吕必松．推动对外汉语教学事业的内在动力［C］//回拜

与思考. 北京：外语教学与研究出版社，2000.

[92] 林俊华. 若尔盖藏文中学、马尔康本真中学双语教学调查报告 [J]. 康定民族师专学报，1996 (2).

[93] 鲁健骥. 谈对外汉语教学历史的研究 [J]. 语言文字应用，1998 (4).

[94] 马箭飞. 任务式大纲与汉语交际任务 [J]. 语言教学与研究，2002 (4).

[95] 买买提吐尔逊·阿布都拉. 语言学理论在少数民族汉语教学中的作用 [J]. 新疆教育学院学报，2008 (9).

[96] 马燕，何生财. 汉语水平考试（HSK）对提高少数民族汉语水平的意义 [J]. 青海民族学院学报（社会科学版），1998 (4).

[97] 尼玛多吉. 藏汉双语教学面面谈 [J]. 中国校外教育（理论），2008 (9).

[98] 陶健敏. "后方法时代"语言教学观与对外汉语教学法体系构建 [J]. 暨南大学华文学院学报，2006 (3).

[99] 陶炼. "结构—功能—文化"相结合教学法试说 [J]. 语言教学与研究，200] 0 (4).

[100] 滕星. 小康社会与西部偏远贫困地区少数民族基础教育 [J]. 云南民族大学学报（哲学社会科学版），2004 (4).

[101] 滕星. 中国民族教育学的产生与发展 [J]. 民族教育研究，1999 (1).

[102] 万明钢，刘海健. 论我国少数民族双语教育——从政策法规体系建构到教育教学模式变革 [J]. 2012 (8).

[103] 万明钢，王鉴. 藏族双语人双语态度的调查研究 [J]. 心理学报，1997 (3).

[104] 王德春. 使用语言的环境 [J]. 学术交流，1964 (5).

[105] 王建勤. 汉语国际推广的语言标准建设与竞争策略 [J].

语言教学与研究，2008（3）.

[106] 王群英. 浅谈藏族学生汉语文学习的几个误区 [J]. 西藏教育，2008（3）.

[107] 王尧美. 对外汉语教材的创新 [J]. 语言教学与研究，2007（4）.

[108] 王杏涧. 第二语言习得理论与对少数民族汉语教学的策略调整 [J]. 语言与翻译，1998（4）.

[109] 邢小龙. 普及汉语教学提高少数民族整体文化素质 [J]. 新疆职业大学学报，2003（6）.

[110] 许琳. 汉语国际推广的形势和任务 [J]. 世界汉语教学，2007（2）.

[111] 徐学文. 少数民族汉语课程改革新的跨越 [J]. 内蒙古师范大学学报（教育科学版），2008（12）.

[112] 严学窘. 中国对比语言学浅说 [J]. 民族研究文集. 1985（7）.

[113] 杨甲荣. 谈少数民族和外国学生汉语教学的性质和特点 [J]. 中央民族大学学报，1984（4）.

[114] 杨丽姣. 对外汉语教学法研究再探讨 [J]. 云南师范大学学报，2002（6）.

[115] 杨树森. HSK 有赖于基础教育 [C] //双语教学与研究（第四辑）. 北京：中央民族大学出版社，2001.

[116] 姚梅林. 教育心理学的整合与超越 [J]. 北京师范大学学报（社会科学版），2005（6）.

[117] 袁晓文. 四川民族教育的需求和支付能力分析 [J]. 中南民族大学学报（人文社会科学版），2004（11）.

[118] 张凤麟. 中国少数民族汉语水平等级考试（MHK）简介 [J]. 延边教育学院学报，2004（10）.

[119] 张凯. 对外汉语教学学科的基本问题和基本方法 [J]. 世

界汉语教学，2000（3）.

[120] 张强. 实施双语教学中若干认识和实践问题 [J]. 民族教育，2009（1）.

[121] 张诗亚. 论西南民族地区新课程改革深化中民族生存智慧的融入 [J]. 西北师范大学学报（社会科学版），2007（1）.

[122] 张诗亚. 民族教育研究的选题与方法问题 [J]. 四川师范大学学报（社会科学版），2014（1）.

[123] 张英. 对外汉语文化因素与文化知识教学研究 [J]. 汉语学习，2006（6）.

[124] 张占一. 试议交际文化和知识文化 [J]. 语言与教学研究，1990（3）.

[125] 赵金铭. 对外汉语研究的基本框架 [J]. 世界汉语教学，2001（3）.

[126] 郑定欧. 汉语国际推广三题 [J]. 汉语学习，2008（3）.

[127] 郑婕. 论少数民族汉语教学学科建设和教材编写 [J]. 宁夏大学学报，2004（5）.

[128] 朱新红. 民族学生汉语学习与汉语水平考试 [J]. 广西民族学院学报（哲学社会科学版），2001（6）.

[129] 祖晓梅. 跨文化能力与文化教学的新目标 [J]. 世界汉语教学，2003（4）.

[130] 林秀艳. 西藏中小学汉语教学的理论与实践研究 [D]，北京：中央民族大学，2010.

三、其他

[131] 贾正才. 阿坝藏族羌族自治州文化教育大纪略 [A]. 李川龙，译. 阿坝州史志学会编印，1994.

[132] 民族教育文件汇编 [A]. 四川省教育委员会民族教育处

编印，1993.

[133] 四川省民族地区教育发展评价及对策研究报告［A］. 四川省教育委员会民族教育处编印（打印本）.

[134] 阿波. 四川马尔康师范学校简介［A］. 打印材料.

[135] 国家汉办网页［EB/OL］. http://www. hanban. edu. cn/.

[136] 孔子学院年鉴［Z］. 国家汉语国际推广领导小组办公室，2013.

附　录

附录一：藏区少数民族汉语教学调查问卷（学生问卷）

亲爱的同学：

　　本问卷是供课题研究所用，采取不记名的方式。答案没有正确与错误的区别，绝大多数问题采用选择答案的方式，只要从中选出一个或多个，在选项上打勾（√）即可，个别的问题回答请加以文字说明。希望你能积极配合，如实地回答问题，对此我们表示衷心的感谢！

　　填写日期：
　　学校名称：

一、对汉语教材的调查

1. 你目前使用的最主要的汉语教材是什么？

2. 你认为这本教材对你汉语水平的提高是否有帮助？
A. 很有帮助
B. 较有帮助
C. 一般
D. 不太有帮助

3. 你认为这本教材的难度如何？

A. 非常难

B. 比较难

C. 适中

D. 容易

4. 你认为这本教材内容的容量怎样？

A. 内容太多，来不及掌握

B. 内容适中

C. 内容不足，需要其他教材或资料来补充

D. 说不清楚

5. 你有针对这本教材的同步练习册或同步辅导书吗？（如果选 A 则回答第 6 题，选 B 则跳过第 6 题从第 7 题开始作答）

A. 有

B. 没有

6. 你认为同步练习册或同步辅导书对提高你的汉语水平帮助大吗？

A. 非常大

B. 比较大

C. 一般

D. 不大

7. 你有这本教材相应的磁带（或光盘、MP3 等）吗？

A. 有

B. 没有

8. 通过这本教材你最大的收获是？（可多选）

A. 提高了阅读能力

B. 提高了写作能力

C. 提高了口语交际能力

D. 提高了听力

9. 你认为该教材内容与你的生活经验：

A. 严重脱节

B. 脱节较大

C. 有联系

D. 联系紧密

10. 学习这本教材，你最大的困难是什么？你认为造成这些困难的原因有哪些？

11. 你认为这套教材比较好的地方有哪些？

12. 你认为这套教材存在的最大问题是什么，还有哪些有待改进的地方？

二、教师教学方法的调查

1. 你的汉语老师（以下简称"老师"）在课堂上使用课件等多媒体教具吗？

A. 基本不用

B. 偶尔用

C. 经常用

D. 每节课都用

2. 老师要求你在课堂上用汉语表达自己的观点吗？

A. 不要求

B. 偶尔要求

C. 经常要求

D. 强制要求

3. 老师喜欢在课堂上点学生的名字回答问题吗？

A. 非常喜欢

B. 比较喜欢

C. 一般

D. 不喜欢

4. 在汉语教学过程中，老师会鼓励你学习吗？

A. 经常鼓励

B. 很少鼓励

C. 偶尔鼓励

D. 从不鼓励

5. 老师在汉语课堂上经常组织你们进行小组讨论吗？

A. 基本不组织

B. 偶尔组织

C. 经常组织

D. 每节课都组织

6. 目前汉语课堂上教师的讲解内容

A. 以课文讲解为主

B. 以词汇讲解为主

C. 以听说训练为主

D. 其他（请注明）_____

7. 老师通常使用哪种授课方法？（可多选）

A. 老师讲学生听

B. 老师向所有学生提问

C. 老师向个别学生提问

D. 老师布置任务学生分组讨论

E. 其他（请注明）_____

8. 你希望汉语课的教学方法是

A. 以老师讲解为主

B. 讲解与练习相结合

C. 学生自学为主

D. 其他（请注明）_____

9. 在现在的汉语课中，教师的教学语言是_____

A. 仅用汉语

B. 多用汉语

C. 多用藏语

D. 仅用藏语

10. 你希望老师主要用什么语言上汉语课？

A. 仅用汉语

B. 多用汉语

C. 多用藏语

D. 仅用藏语

11. 老师组织过你们参加汉语课外活动（如朗诵比赛、辩论赛、书法小组、作文比赛等）吗？

A. 基本没组织过

B. 偶尔组织

C. 经常组织

D. 定期组织

12. 老师在汉语课上会结合语言讲授一些文化或文学常识吗？

A. 基本没讲过

B. 偶尔讲

C. 经常讲

D. 每节课都讲

13. 目前汉语课的课外读物一般是（可多选）

A. 阅读练习册

B. 汉语报纸或杂志

C. 网络文字材料

D. 几乎没有

E. 其他（请注明）_____

14. 家庭作业中老师一般布置较多的作业类型是（可多选）

A. 阅读作业

B. 听说作业

C. 作文

D. 抄写字词、背诵课文

E. 组词造句

F. 其他（请注明）_____

15. 你觉得老师上课对你哪方面汉语水平的提高帮助较大？（可多选）

A. 听力

B. 口语交际能力

C. 阅读能力

D. 写作能力

16. 你觉得老师讲课的进度

A. 太快

B. 适中

C. 太慢

17. 你认为哪个民族的老师教汉语的效果更好

A. 汉族

B. 藏族

C. 无所谓

D. 其他（请注明）＿＿＿＿＿＿＿＿＿＿＿＿＿＿＿＿

18. 你喜欢老师汉语课上的哪些讲课方式或活动设计，为什么？

19. 你觉得老师汉语课上的哪些讲课方式或活动设计对你不太合适，为什么？

20. 你喜欢什么样的汉语教师？

三、学生背景调查

1. 性别

A. 男

B. 女

2. 民族：_____

3. 你来自

A. 城镇

B. 郊区

C. 农村

D. 牧区

E. 半农半牧区

4. 学汉语是否对你与其他各民族交往有益处？

A. 没有益

B. 有益

C. 较有益

D. 非常有益

5. 你的父母掌握汉语的情况如何？

A. 能熟练地听、说、读、写

B. 能熟练地说、读，但不会写

C. 能熟练地说，但不会读、写

D. 说起来比较困难

E. 能听懂，但不会说

F. 听、说、读、写都有困难

6. 你所在的学校学生中民族构成如何？

A. 全是藏族

B. 主要是藏族

C. 藏族较少

D.　藏族非常少

7.　你喜欢上汉语课吗？〔如果选择 A 或 B 做（7－1）；如果选择 C 或 D 做（7－2）〕

A.　非常喜欢

B.　喜欢

C.　不太喜欢

D.　不喜欢

（7－1）你喜欢上汉语课的原因是

A.　老师讲得好

B.　课文内容生动有趣

C.　希望通过学习汉语提高自己

D.　其他（请注明理由）＿＿＿＿＿＿＿＿＿＿＿＿

（7－2）你不太喜欢或不喜欢上汉语课的原因是

A.　老师讲得不好

B.　课文内容枯燥无味

C.　对汉语的学习没有太高要求

D.　其他（请注明理由）＿＿＿＿＿＿＿＿＿＿＿＿

8.　你认为学习汉语重要吗？〔如果选择 A 或 B 做（8－1）；如果选择 C 或 D 做（8－2）〕

A.　非常重要

B.　重要

C.　不太重要

D.　不重要

（8－1）你认为学习汉语重要的原因是

A.　我国大多数人都使用汉语，汉语使用范围广

B.　汉语学好了有助于升学

C.　汉语学好了可以了解汉民族更多的文化

D.　其他（请注明理由）＿＿＿＿＿＿＿＿＿＿＿＿

（8-2）你认为学习汉语不太重要或不重要的原因是

A. 学习汉语没有太多的用处

B. 学习汉语对于升学、就业不产生太大影响

C. 自己在汉语学习上没有过高的要求

D. 其他（请注明理由）＿＿＿＿＿＿＿＿＿＿

9. 通过汉语课你最希望提高自己的哪项语言技能？

A. 听

B. 说

C. 读

D. 写

10. 你认为以下的语言技能你掌握得最好的一项是

A. 听

B. 说

C. 读

D. 写

你认为掌握得好的原因是：＿＿＿＿＿＿＿＿＿＿

11. 你认为以下的语言技能你掌握得最不好的一项是：

A. 听

B. 说

C. 读

D. 写

你认为掌握得不好的原因是：＿＿＿＿＿＿＿＿＿

12. 通过汉语课你最希望学习汉语哪些方面的内容？

A. 语音

B. 词汇

C. 语法

D. 汉字

E. 汉语文化

13. 下列几项中，你认为在你学习汉语的过程中掌握得最好的一项是：

A. 语音

B. 词汇

C. 语法

D. 汉字

你认为掌握得好的原因是：＿＿＿＿＿＿＿＿＿＿＿＿＿

14. 下列几项中，你认为在你学习汉语的过程中掌握得最差的一项是：

A. 语音

B. 词汇

C. 语法

D. 汉字

你认为掌握得不好的原因是：＿＿＿＿＿＿＿＿＿＿＿

15. 你希望自己的汉语达到什么水平？

A. 能够准确地表达自己的想法并写出来

B. 基本能够表达自己的想法但并不要求写得很好

C. 能听懂并能简单地交流，会不会写不重要

D. 只要能听懂汉语就行了，说与写都不重要

16. 你平时每周在汉语学习中所用的时间大概是

A. 20 小时以上

B. 15 小时左右

C. 10 小时左右

D. 5 小时左右

17. 在日常生活中你

A. 说汉语的时间多

B. 说藏语的时间多

C. 说两种语言的时间差不多

D. 全部说藏语

18. 你一般读用哪种语言发行的报纸？

A. 藏语较多

B. 汉语较多

C. 仅用藏语

D. 仅用汉语

19. 平时听广播、看电视你更喜欢哪种语言？

A. 藏语较多

B. 汉语较多

C. 仅用藏语

D. 仅用汉语

20. 平时除了汉语课本外，你还会阅读哪些汉语课外读物？

A. 阅读练习册

B. 报纸

C. 网络信息

D. 作文书

E. 几乎没有

F. 其他（请注明）_____

21. 你认为什么因素最有利于你汉语学习的提高？

A. 语言环境好

B. 汉语课老师教学水平高

C. 教材内容生动有趣

D. 有大量的课外读物

E. 其他（请注明）_____

22. 在汉语学习中你认为自己遇到的最大的困难是什么？

附录二：藏区少数民族汉语教学调查问卷（教师问卷）

亲爱的老师：

　　本问卷是供教学科研所用，采取不记名的方式。答案没有正确与错误的之分，绝大多数问题采用选择答案的方式，只要从中选出一个或多个，在选项上打勾（√）即可，个别的问题回答请加以文字说明。在繁忙的教学工作中，请您抽出宝贵的时间作答，对您的配合，我们表示衷心的感谢！

　　填写日期：
　　学校名称：

一、教师对当前汉语教材满意度的调查问卷

　　1. 目前您所在班级学生汉语课使用的教材是什么？

　　2. 该教材是否是双语教材？
　　A. 是
　　B. 不是
　　3. 您认为双语教育对提高您的学生的汉语成绩是否有用？
　　A. 没有用
　　B. 不太有用
　　C. 有用
　　D. 非常有用
　　4. 该教材与本地教学实际需求的适应程度如何？
　　A. 非常适应
　　B. 基本适应
　　C. 不太适应

D. 很不适应

5. 该教材教学内容的容量

A. 偏多

B. 适当

C. 不足

D. 说不清楚

6. 该教材对学生的接受能力来说显得

A. 偏难

B. 适中

C. 偏简单

D. 说不清楚

7. 教材与您的知识储备、教学能力是否相适应?

A. 完全适应

B. 基本适应

C. 不太适应

D. 不适应

8. 按照教材安排的教学内容,进行教学时课时是否够用?

A. 完全不够

B. 基本够

C. 部分够

D. 很宽松

9. 您认为该教材内容与学生的生活经验

A. 严重脱节

B. 脱节较大

C. 有联系

D. 联系紧密

10. 该教材是否注重了学生语言运用能力的培养?

A. 非常注重

B. 比较注重

C. 一般

D. 不够注重

11. 该教材涉及的综合性学习活动开展得怎样？

A. 很好

B. 较好

C. 一般

D. 没有开展

12. 该教材是否有相应的教师教学用书和同步练习册？

A. 都有

B. 有教学用书，没有同步练习册

C. 有同步练习册，没有教学用书

D. 都没有

13. 该教材是否有相应的磁带、课件？

A. 都有

B. 有磁带没课件

C. 有课件没磁带

D. 都没有

14. 为使用该教材，您是否参加过相关的培训，效果如何？

A. 从未参加过

B. 参加过，效果很好

C. 参加过，效果一般

D. 参加过，效果不好

15. 平时上课时，您是否会选用教材以外的内容资料？

A. 基本不用

B. 偶尔用

C. 经常用

D. 每节课都用

16. 关于《全日制民族中小学汉语文教学大纲》

A. 学校组织学习过

B. 自己学习过

C. 每位教师人手一本

D. 没接触过

17. 关于《中国少数民族中小学汉语课程标准》

A. 学校组织学习过

B. 自己学习过

C. 每位教师人手一本

D. 没接触过

18. 您认为这套教材比较好的地方有哪些？

19. 您认为这套教材存在的最大问题是什么，还有哪些有待改进的地方？

20. 您认为通过该教材的学习，学生的汉语水平在哪些方面提高较快？

21. 您认为通过该教材的学习，学生的汉语水平在哪些方面提高较慢？

二、教师在汉语课上所使用的教学方法的调查问卷

1. 您在课堂上使用课件等多媒体教具吗？

A. 基本不用

B. 偶尔用

C. 经常用

D. 每节课都用

2. 您要求学生在课堂上用汉语表达自己的观点吗？

A. 不要求

B. 偶尔要求

C. 经常要求

D. 强制要求

3. 您喜欢在课堂上点学生的名字回答问题吗？

A. 非常喜欢

B. 比较喜欢

C. 一般

D. 不喜欢

4. 在汉语教学过程中，您会鼓励学生吗？

A. 经常鼓励

B. 很少鼓励

C. 偶尔鼓励

D. 从不鼓励

5. 您在汉语课堂上经常组织学生进行小组讨论吗?

A. 基本不组织

B. 偶尔组织

C. 经常组织

D. 每节课都组织

6. 您认为汉语的哪方面最难教?

A. 发音

B. 汉字和词汇

C. 语法

D. 写作

7. 您的汉语课通常使用哪种授课方法?(可多选)

A. 老师讲学生听

B. 老师向所有学生提问

C. 老师向个别学生提问

D. 老师布置任务学生分组讨论

8. 您在汉语课堂上使用藏语吗?

A. 从不使用

B. 偶尔使用

C. 经常使用

D. 无所谓

9. 您组织过学生参加汉语课外活动(如朗诵比赛、辩论赛、书法小组、作文比赛等)吗?

A. 基本没组织过

B. 偶尔组织

C. 经常组织

D. 定期组织

10. 您在汉语课上会结合语言讲授一些文化或文学常识吗?

A. 基本没讲过

B. 偶尔讲

C. 经常讲

D. 每节课都讲

11. 目前汉语课的课外读物一般是（可多选）

A. 阅读练习册

B. 汉语报纸或杂志

C. 网络文字材料

D. 几乎没有

E. 其他（请注明）＿＿＿＿＿＿＿＿＿＿＿＿＿＿

12. 家庭作业中您一般布置较多的作业类型是（可多选）

A. 阅读作业

B. 听说作业

C. 作文

D. 抄写字词、背诵课文

E. 组词造句

F. 其他（请注明）＿＿＿＿＿＿＿＿＿＿＿＿＿＿

13. 您认为在汉语课中的讲解内容应

A. 以课文讲解为主

B. 以词汇讲解为主

C. 以听说训练为主

D. 其他（请注明）＿＿＿＿＿＿＿＿＿＿＿＿＿＿

14. 您认为在您所属的学校目前汉语教学中最主要的问题是
（可多选）

A. 学生的学习积极性不高

B. 学习内容难

C. 教材编写不合理

D. 学时不够

E. 其他（请注明）＿＿＿＿＿＿＿＿＿＿＿＿＿＿

15. 您认为藏族学生提高汉语水平最有效的方法是什么？

16. 在教学中讲解汉语课文时您一般采用的方法是什么？您会用藏语解释课文吗？

17. 在教学中您是如何指导学生提高汉语的口语交际能力的？

18. 在教学中您是如何指导学生提高汉语的听力水平的？

19. 在教学中您是如何指导学生提高汉语的写作能力的？

20. 您认为在少数民族地区进行汉藏双语教学的主要目的是什么？

三、师资背景调查问卷

1. 性别：

A. 男

B. 女

2. 民族：＿＿＿＿＿＿＿＿

3. 您的教龄

A. 1 年以下

B. 1～4 年

C. 5～10 年

D. 10～15 年

E. 20 年以上

4. 您目前的文化程度

A. 小学

B. 初中

C. 高中或中专

D. 专科

E. 本科或本科以上

5. 您所在学校的教师的民族构成

A. 几乎全是藏族

B. 主要是藏族

C. 藏族占一半

D. 主要是其他民族

E. 藏族人非常少

6. 您校所在地为

A. 城镇

B. 郊区

C. 农村

D. 牧区

E. 半农半牧区

7. 您的藏语水平如何？

A. 能熟练地听、说、读、写

B. 能熟练地说、读，但不会写

C. 能熟练地说，但不会读、写

D. 说起来比较困难

E. 能听懂，但不会说

F. 听、说、读、写都有困难

8. 您的汉语水平如何？

A. 能熟练地听、说、读、写

B. 能熟练地说、读，但不会写

C. 能熟练地说，但不会读、写

D. 说起来比较困难

E. 能听懂，但不会说

F. 听、说、读、写都有困难

9. 您一般读用哪种语言发行的报纸、杂志和书籍？

A. 仅汉语

B. 仅藏语

C. 汉语为主

D. 藏语为主

E. 藏语和汉语各占一半

10. 您一般收听和收看哪种语言的广播、电视节目？

A. 仅汉语

B. 仅藏语

C. 汉语为主

D. 藏语为主

E. 藏语和汉语各占一半

11. 日常生活中，您使用哪种语言进行交谈？

A. 仅汉语

B. 仅藏语

C. 汉语为主

D. 藏语为主

E. 藏语和汉语各占一半

12. 您上课时主要用什么语言？

A. 仅汉语

B. 仅藏语

C. 汉语为主

D. 藏语为主

E. 藏语和汉语各占一半

13. 您的教案是用哪种文字写的？

A. 仅汉语

B. 仅藏语

C. 汉语为主

D. 藏语为主

E. 藏语和汉语各占一半

14. 您对双语教育的有关政策是否了解？

A. 不了解

B. 了解一点

C. 大部分了解

D. 非常了解

15. 在当地能用汉、藏两种语言进行口头交流的人，您估计约占当地总人口的比例为

A. 不到 20%

B. 不到 30%

C. 不到 40%

D. 不到 50%

E. 50%以上

F. 其他（请填写比例）_____

16. 您认为以下哪些活动有助于您教学水平的提高？（可多选）

A. 自我反思

B. 与同事交流

C. 与有经验的教师交流

D. 与学生交流

E. 阅读专业书籍

F. 专业进修或培训

G. 其他（请填写）_____

17. 如果有在职培训的机会，您愿意接受哪些方面的培训？（可多选）

A. 汉语知识

B. 文化知识

C. 对外汉语教学理论

D. 对外汉语教学方法

E. 其他（请填写）_____

18. 您认为什么样的知识结构最有利于开展少数民族地区的汉语教学？

19．您是否接受过双语教学方面的培训，如果接受过，您觉得最大的收获是什么？

四、教学管理调查问卷

1．在您的学校，汉语课一周为几节？

2．关于教师指导学生开展课外阅读，贵校是否有统一的管理规范？

3．贵校在学生的汉语课外阅读指导方面有哪些成功的经验？还存在哪些困难和问题？

4. 贵校在汉语口语交际教学管理方面有哪些成功经验？还存在哪些困难和问题？

5. 纸笔测试的考察形式在贵校是如何实施的？（单元测试/期中测试/期末测试/学年测试）贵校在实施纸笔测试时，有何成功经验？有何困难或问题？（命题/监考/改卷/反馈）

6. 贵校是否对学生汉语的听说能力进行测试？是如何开展的？有何成功经验？有何困难？

7. 除纸笔测试外，贵校还有哪些对学生汉语水平的评价方式？有何成功经验？有何困难？

8. 贵校如何指导教师和学生选用教辅资料？有何困惑？

9. 贵校是否定期组织汉语老师集体教研或备课？是如何开展的？有何成功经验？有何困难？

10. 贵校在双语教学管理的其他方面有何特色或创新？

11. 贵校在辅导汉语学习较困难的学生方面有何成功经验？有何困惑？

12. 贵校是否会定期检查汉语教师的教案、批改作业情况？收效如何？

13. 贵校是否曾经安排或计划安排汉语教师参加校级以上区一级或县市一级的教师进修？已经取得或希望取得怎样的成效？

14. 贵校是否定期安排汉语教师进行公开课作为教师教学水平的考核标准？除此以外贵校还有哪些考核汉语教师教学水平的方式？成效如何？

附录三：成果公开报告会调查表

亲爱的先生、女士：

　　本问卷是供课题研究所用，采取不记名的方式。答案没有正确与错误的区别，绝大多数问题采用选择答案的方式，只要从中选出一个或多个，在选项上打勾（√）即可，个别的问题回答请加以文字说明。希望您能积极配合，如实地回答问题，对此我们表示衷心的感谢！

　　1. 本课题研究的意义和价值

　　A. 很有意义

　　B. 比较有意义

　　C. 一般

　　D. 意义不大

　　2. 研究观点

　　A. 明确

　　B. 比较明确

　　C. 一般

　　D. 不明确

3. 研究方法

A. 适当

B. 比较适当

C. 一般

D. 不适当

4. 论证分析

A. 严密

B. 比较严密

C. 一般

D. 不严密

5. 调查工作量

A. 很大

B. 比较大

C. 一般

D. 很小

6. 第一手资料

A. 丰富

B. 比较丰富

C. 一般

D. 不够

7. 资料的收集与处理工作量

A. 很大

B. 比较大

C. 一般

D. 很小

8. 研究取得的进展

A. 突破性

B. 相当性

C. 一般性

D. 无

9. 课题研究所提出的建议

A. 可取

B. 比较可取

C. 一般

D. 不可取

10. 形成的教育成果

A. 新颖

B. 比较新颖

C. 一般

D. 不新颖

11. 研究成果对解决教育实践

A. 有创新指导意义，有广泛的应用和开发前景

B. 有推进作用，有一定的应用和开发前景

C. 一般

D. 无促进作用和应用开发前景

12. 您对本课题有何意见、建议和批评？

后　记

　　本书完成于 2015 年 6 月，系全国教育科学规划课题"对外汉语教学与边远藏区少数民族汉语教学的比较研究"（项目编号：BMA090087）的研究成果。

　　在 21 世纪的今天，汉语国际推广事业蓬勃发展，取得的成就有目共睹。与此同时，我国的另一项汉语教学事业——少数民族汉语教学的发展却不尽人意。尤其是四川藏区少数民族聚居区，受诸多因素的影响，该地区汉语教学发展水平不太理想。同为第二语言教学，但两者的发展却大相径庭，这成为本书研究的缘起。

　　本书从语言教学规律、学习主体的背景、教学策略实施等方面，对边远藏区的少数民族汉语教学和对外汉语教学进行了细致的对比分析。主要采用了理论分析与调查案例相结合的研究方式。由于条件受限，实地调研过程中，各方面的信息收集未能做到全面兼顾，这是本书的不足之处，也将是我们后续研究的重点。

　　本书的成书过程大致如下：先由本人提出了编写的基本思路及整体框架，继而由本人及课题组的三位成员分工撰写，书稿形成后由本人负责统稿。初稿形成较早，考虑到其中部分数据的时效性，故本次出版之际，对书稿中的相关数据进行了更新。

　　首先要对我们在编写过程中所参考借鉴的学术专著、期刊论文，以及报纸、网站文章的作者们表示感谢。其次，在对这些成果引用的过程中，虽然我们尽量地通过脚注和参考文献的形式做到文献的规范使用，但由于是多人撰写，引文及文献的出处繁杂，在标注的过程中难免有疏忽之处，如有遗漏，望海涵。同时希望诸君不吝赐教，以便在今后修订之时能逐一说明。

感谢我的女儿——陈蕾婷为本书设计封面插图，该书的出版得到了四川大学出版社、各位专家、同行及朋友们的支持，在此一并表示衷心地感谢！

雷　莉

2018 年 7 月